未来产业布局

形成新质生产力的路径选择

郗胡平◎著

中国计划出版社
·北 京·

图书在版编目（CIP）数据
未来产业布局 ： 形成新质生产力的路径选择 / 郗胡平著. -- 北京 ： 中国计划出版社, 2024. 10 (2025. 6重印). -- ISBN 978-7-5182-1736-6
Ⅰ. F120.2
中国国家版本馆CIP数据核字第2024PM8336号

未来产业布局：形成新质生产力的路径选择
WEILAI CHANYE BUJU: XINGCHENG XINZHI SHENGCHANLI DE LUJING XUANZE
郗胡平　著

策划编辑：朱　冰　　　　责任编辑：朱　冰
责任印制：李　晨

中国计划出版社出版发行
网址：www. jhpress. com
地址：北京市西城区木樨地北里甲11号国宏大厦C座4层
邮政编码：100038　电话：（010）63906433（发行部）
北京厚诚则铭印刷科技有限公司印刷

787mm × 1092mm　1/16　13.5印张　193千字
2024年10月第1版　2025年6月第2次印刷

定价：65.00元

前言

习近平总书记强调，要整合科技创新资源，引领发展战略性新兴产业和未来产业，加快形成新质生产力，增强发展新动能。新质生产力是创新起主导作用，摆脱传统经济增长方式、生产力发展路径，具有高科技、高效能、高质量特征，符合新发展理念的先进生产力质态。新质生产力由技术革命性突破、生产要素创新性配置、产业深度转型升级而催生，特点是创新，关键在质优，本质是先进生产力。从行业属性来看，新质生产力既包括新一代信息技术、新能源、新材料、先进制造、生物技术等战略性新兴产业，也包括类脑智能、量子信息、工业互联网、卫星互联网、机器人等未来产业。

未来产业代表新一轮科技革命与产业变革的方向，是重塑全球创新版图与经济格局最活跃的变革力量，是培育新质生产力的重要引擎。未来产业是基于前沿、重大科技创新而形成的产业，依赖基础理论研究、原始创新和颠覆性创新，虽然尚处于孕育阶段或成长初期，但通过长期的支持和培育，未来将对经济社会变迁起到关键性、支撑性和引领性作用，将引领国民经济高速增长、推动社会可持续发展、提高人类认知水平和生活质量。未来产业发展潜力足，对经济社会发展具有全面带动作用，是面向未来并决定未来产业竞争力和区域经济实力的前瞻性产业，是影响未来发展方向的先导性产业，是支撑未来经济发展的主导产业。

当前，新一轮科技革命和产业变革突飞猛进，颠覆性创新呈现喷涌式爆发趋势，新科技、新产业、新业态、新模式层出不穷，给我国产业发展带来了挑战，也带来了跨越式发展的重要机遇。在世界百年未有之大变局加速演进的背景下，未来产业正成为各国抢占科技制高点、争夺产业主导权的关键。培育和发展未来产业是新一轮大国竞争的重头戏，在全球战略竞争优势重塑、产业链供应链重构背景下，前瞻布局未来产业是我国能够实现同国际创新同步甚至实现赶超的重要抓手，也是我国加快建设科技强国和构建现代化产业体系的重要支撑，更是推动我国高质量发展的重要动力，只有加快前瞻布局未来产业才能赢得发展先机。

本书深度挖掘了我国未来产业的基础、核心竞争力及所面临的挑战，通过对地方产业布局实例、重点产业实践案例及国内外顶尖研究机构对比分析，全面透视我国未来产业的现状与趋势。结合国际视野，洞悉全球主要经济体在未来产业领域的战略布局与启示，系统性地勾勒出我国发展未来产业、形成新质生产力的战略布局与路径选择，为决策者与实践者提供战略指引与路径参考。

目 录

第七章 未来产业布局：形成新质生产力的路径建议

第一章　未来产业概述

当前，新一轮科技革命和产业变革加速演进，世界主要经济体均加快布局未来产业，我国高度重视未来产业发展。2021年3月，《中华人民共和国国民经济和社会发展第十四个五年规划和2035年远景目标纲要》（以下简称国家"十四五"规划纲要）指出，"着眼于抢占未来产业发展先机""组织实施未来产业孵化与加速计划，谋划布局一批未来产业"。2023年12月，中央经济工作会议指出，"打造生物制造、商业航天、低空经济等若干战略性新兴产业，开辟量子、生命科学等未来产业新赛道"。未来产业代表新一轮科技革命和产业变革方向，是新质生产力的集中体现。厘清未来产业的定义、内涵和特征，对于加快未来产业发展、抢占科技制高点、争夺产业主导权、构建现代化产业体系、形成新质生产力具有重要意义。

未来产业是重塑全球创新版图与经济格局最活跃的变革力量，也是形成新质生产力的重要引擎。在全球战略竞争优势重塑、产业链供应链重构背景下，前瞻布局未来产业是我国抢占全球产业竞争制高点的战略选择，也是我国能够实现同国际创新同步甚至实现赶超的重要抓手，还是我国加快建设科技强国和构建现代化产业体系的重要支撑，更是推动我国高质量发展的重要动力。

一、未来产业的内涵

未来产业是近些年兴起的政策性概念，国内外权威机构和学者对未来产业的概念和范围界定尚未达成一致意见，综合来看，未来产业是引领重大变革的颠覆性技术及其新产品、新业态所形成的产业。我们可以从产业生命周期、技术创新属性、产业细分领域、经济社会效益、未来发展方向五个维度出发，对未来产业的内涵进行诠释。

（一）产业生命周期维度的分析

现有研究主要从“立足当下、展望未来”的角度对未来产业进行分析。有学者认为[①]，未来产业是指当前处于孕育孵化阶段的新兴产业，伴随不同具体产业在萌芽、成长、成熟及衰退等生命周期的进程变化，未来产业将依次发展为战略性新兴产业、主导产业和支柱产业。有学者认为[②]，未来产业是指由前沿技术推动，以满足未来经济社会发展需求为目标、代表科技和产业的长期发展方向，经过培育能够在未来发展壮大并不断成熟成为对国民经济具有重要支撑和引领作用的产业。也有学者认为[③]，未来产业是重大科技创新产业化后形成的，代表未来科技和产业发展新方向、对经济社会具有支撑带动和引领作用的前瞻性新兴产业，也是影响未来的战略性新兴产业，是前沿科技产业化后形成的未来主导产业，是决定未来区域竞争力的重点支柱产业。

① 李晓华，王怡帆.未来产业的演化机制与产业政策选择[J].改革，2021（2）：54-68.

② 曹方，冷伟，张鹏，等.从产业生命周期的角度认识未来产业发展路径[J].科技中国，2022（1）：38-42.

③ 余东华.“十四五”期间我国未来产业的培育与发展研究[J].天津社会科学，2020（3）：12-22.

还有学者认为[①]，未来产业主要处于技术进步S形曲线的第一阶段和产业生命周期的初创孕育期，从发现、培育到产业化是一个较为漫长的过程，需要经过技术发展周期理论中的多个阶段，一般需要5~10年的时间，有的甚至超过20年，产业培育周期较长。

（二）技术创新属性维度的分析

《未来产业：塑造未来世界的决定性力量》一书指出[②]，“未来产业”是一个关于未来发展方向的总体布局，它高度依赖基础理论研究和原始创新，通过颠覆性技术创新引发新的产业变革，能够对经济社会发挥全局带动和重大引领作用的产业。有学者认为[③]，未来产业是由重要科学发现或重大科技创新产业化后形成的前沿产业，对经济社会变迁起到关键性、支撑性和引领性作用。在2021中关村论坛之平行论坛“未来产业创新发展论坛”上，科技部领导指出，未来产业是基于前沿重大科技创新而形成的产业，是支撑未来众多产业发展的主导产业。也有学者认为[④]，未来产业是科技创新范式变革下，依托重大科技突破和产业化、引领新应用场景和新消费需求的产物。还有学者认为[⑤]，未来产业是基于前沿重大科技创新而形成的产业，是面向未来并决定产业竞争力和区域竞争实力的前瞻性产业，可以说谁掌握了未来产业发展的主动权，谁就可能在未来发展中占得先机。

---

① 盛朝迅.着眼发展趋势：决胜未来产业[N].经济日报，2021-04-28（10）.

② 李斌，郭宇靖，盖博铭，等.未来产业：塑造未来世界的决定性力量[M].北京：北京联合出版公司，2021.

③ 陈赟.国企在未来产业发展中应走在前列[J].科技智囊，2021（11）：7-16.

④ 杨跃承，武文生，党好.发展未来产业是我国构筑长期竞争优势的战略选择[J].中国经济周刊，2021（23）：104-108.

⑤ 江锡军.漫谈未来产业发展[J].宁波通讯，2021（23）：42.

（三）产业细分领域维度的分析

美国著名学者亚历克·罗斯2016年出版的《未来产业》一书首次将“未来产业”概念推广到全球，书中提出，机器人、基因技术、网络安全、大数据和金融科技是推动未来20年全球经济社会变迁的关键产业。国家“十四五”规划纲要指出，在类脑智能、量子信息、基因技术、未来网络、深海空天开发、氢能与储能等前沿科技和产业变革领域，组织实施未来产业孵化与加速计划，谋划布局未来产业。美国白宫科技政策办公室认为未来产业包括人工智能（AI）、量子信息科学（QIS）、先进的通信（5G）、先进制造和生物技术等，这些产业将给教育和医疗带来革命性的变化，改变交通和通信方式，提供新的工具和技术来解决以前难以解决的问题，并确保美国能够在快速变化的全球环境中竞争和获胜。[①]欧盟2019年发布《加强面向未来欧盟产业战略价值链报告》，正式将未来产业划定为六大关键领域，分别为：清洁、互联的自动驾驶车辆；智慧健康；低碳产业；氢技术和系统；工业物联网；网络安全。日本将氢能源、类脑智能、量子信息、生物技术、深海空天等列为未来产业重点发展的方向。

（四）经济社会效益维度的分析

未来产业不仅可以满足社会现有需求，还能创造新应用场景和新消费需求，引导经营主体向更先进的生产力聚集，催生新技术、新产业、新业态和新模式，提升社会生产力水平，拓展新的发展和生存空间。有学者认为[②]，未

---

① 周波，冷伏海，李宏，等.世界主要国家未来产业发展部署与启示[J].中国科学院院刊，2021，36（11）：1337-1347.

② 陈劲，朱子钦.未来产业：引领创新的战略布局[M].北京：机械工业出版社，2022.

来产业虽尚处于孕育阶段或成长初期，但对未来经济社会发展具有全局带动和重大引领作用，是面向未来并决定未来产业竞争力和区域经济实力的前瞻性产业和先导性产业。有研究机构认为[①]，未来产业是指面向未来社会需求，通过技术创新推动在未来实现高速增长，成为对国民经济具有引导和重要支撑作用的产业。还有学者认为[②]，未来产业是以满足未来人类和社会发展新需求为目标，以新兴技术创新为驱动力，旨在扩展人类认识空间、提升人类自身能力、推动社会可持续发展的产业。

（五）未来发展方向维度的分析

新一轮科技革命和产业变革下，未来产业开辟了很多想象的空间。华为公司发布的全球产业展望报告《2025十大趋势：智能世界、触手可及》提出，5G、云、IoT、AI的融合应用正在塑造一个万物感知、万物互联、万物智能的世界；这份报告还展望了未来十项科技产业的变革趋势：是机器、更是家人，超级视野，零搜索，懂“我”道路，机器从事“三高”（即高危险、高重复性、高精度劳动职业），人机协创，无摩擦沟通，共生经济，5G加速而来，全球数字治理。麦肯锡全球研究院在《展望2025：改变未来经济的12大颠覆性技术》中指出，物联网、基因组学、机器人、3D打印、可再生能源和先进材料将是未来产业的发展方向。普华永道会计师事务所在《2050年的世界：全球经济秩序如何改变》报告中提出，区块链、机器人、物联网、3D打印、混合现实、人工智能、无人机将成为未来聚焦的产业。美国著名学者雷·库兹韦尔（Ray Kurzweil）在《奇点临近》一书中指出，人类将在

---

① 彭健，韩健，等.未来产业发展：全球模式与中国路径[M].北京：电子工业出版社，2023.

② 沈华，王晓明.构建“四位一体”格局促进未来产业大步向前[N].科技日报，2021-03-25（8）.

未来几十年达到技术上的“奇点”，能够突破基因法则掣肘，在智能方面与机器融合，通过脑机接口、智能嵌入等技术重塑认知能力，进而推动人类社会达到前所未有的智能水平和高度的物质文明。

基于以上国内外研究机构、政府部门和学者的观点，结合对未来产业的研究和认识，本书认为，未来产业是发展成熟度相对较低、处于孕育阶段或成长初期、发展潜能巨大，由前沿技术推动，与科技创新密切相关，对基础理论研究、原始创新和颠覆性创新依赖程度较高，涵盖人工智能、量子信息、生物技术、未来网络、深海空天、清洁能源、先进制造、新型材料等领域，通过长期的支持和培育，未来将对经济社会变迁起到关键性、支撑性和引领性作用，引领国民经济高速增长、推动社会可持续发展、提高人类认知水平和生活质量的前沿产业。

二、未来产业的特征

（一）前瞻性

未来产业着眼于未来，预测并引领未来的发展趋势和市场需求，为经济发展提供新的动力。未来产业科技发展的前瞻性强主要表现在未来产业发展依赖于能够满足未来经济社会变革发展和重大变迁的颠覆性前沿科技突破。① 未来产业以重大科学发现或重大技术突破为基础，如果没有重大科学技术的颠覆性突破，就谈不上未来产业，所以发展未来产业的前提就是要瞄准世界科技前沿，进行原始创新。②

---

① 陈凯华，冯卓，康瑾，等.我国未来产业科技发展战略选择[J].中国科学院院刊，2023，38（10）：1459-1467.

② 陈赟.国企在未来产业发展中应走在前列[J].科技智囊，2021（11）：7-16.

（二）引领性

未来产业不仅本身具有巨大的增长潜能，还具有很强的引领和带动作用，能够拓展新的发展空间。未来产业在推动未来经济社会变迁中起到关键性、支撑性和引领性作用。[①]发展未来产业能够把握国际科技创新的广泛共识方向，统筹开展战略布局、技术创新和产业培育等工作，加快促进经济发展“新格局”构建，全面引领、带动国际乃至全球经济发展新方向。[②]未来产业是面向未来的战略性新兴产业，体现产业发展的前沿领域，代表了产业发展的长期方向，能够引领和带动传统产业转型升级，推动经济实现高质量发展，对于形成长期产业发展梯队、推动区域经济在今后较长一个时期内转型升级和跨越式发展具有重要的引领作用。[③]

（三）创新性

未来产业是由科技创新驱动的，以创新为核心，不断探索新的技术、商业模式和应用场景，推动产业的升级和发展。科技属性是未来产业区别于传统产业的主要特征，核心资源是知识要素、智力要素、数据要素等新要素，动力来自科学发现，也来自新兴技术、前沿技术甚至颠覆性技术的涌现。[④]未来产业是基于前沿科技产业化而形成的前沿产业，决定未来竞争优势。[⑤]

---

① 郭京京，眭纪刚，马双.中国未来产业发展与创新体系建设[J].新经济导刊，2021（3）：10-17.

② 彭健，韩健，等.未来产业发展：全球模式与中国路径[M].北京：电子工业出版社，2023.

③ 余东华．“十四五”期间我国未来产业的培育与发展研究[J].天津社会科学，2020（3）：12-22.

④ 陈志.全球未来产业变革趋势及政策跃迁[J].人民论坛，2023（16）：8-12.

⑤ 余东华．“十四五”期间我国未来产业的培育与发展研究[J].天津社会科学，2020（3）：12-22.

支撑和驱动未来产业发展的核心技术属于具有突破性和颠覆性的前沿技术，这是未来产业区别于其他产业的核心特征。[①]未来产业的发展依赖于颠覆性前沿科技的重大突破，那些能够满足经济社会发展重大需求、引起经济社会变迁和发展格局变化的突破性和颠覆性前沿科技才有望成为未来产业发展的关键科技。[②]

（四）融合性

未来产业的产业边界比较模糊，可能由现有产业链整合与延伸或是现有产业跨界合作与创新而形成，随着科技的快速发展，新的生产要素如新知识、新技术、新流程不断涌现，相互融合发展形成未来产业。未来产业一定是基础性产业，对经济社会变迁起关键性引领性作用，具有跨界和综合等特征，单一细分的行业不能成为未来产业。[③]未来产业具有多领域相互交叉的特点，呈现极强的产业关联性，当一种产业发展时，可以带动与它直接或间接关联的产业迅速发展。[④]未来产业是具有数字化、网络化、智能化和服务化特征的产业形态，它本质上是一种以互联网、云计算、物联网等新型信息技术为支撑，具有高度数字化、智能化和融合化特性的新型产业，具有高度的产业融合特征和高端智能化的特征。[⑤]

---

① 郭京京，眭纪刚，马双．中国未来产业发展与创新体系建设[J]．新经济导刊，2021（3）：10-17.

② 李军凯，高菲，龚轶．构建面向未来产业的创新生态系统：结构框架与实现路径[J]．中国科学院院刊，2023，38（6）：887-894.

③ 陈赟．国企在未来产业发展中应走在前列[J]．科技智囊，2021（11）：7-16.

④ 彭健，韩健，等．未来产业发展：全球模式与中国路径[M]．北京：电子工业出版社，2023.

⑤ 余东华．“十四五”期间我国未来产业的培育与发展研究[J]．天津社会科学，2020（3）：12-22.

（五）不确定性

与传统产业科技相比，未来产业科技发展的不确定性更高，有着更高的科技门槛和壁垒，更加依靠前沿科技的突破，这使得推动未来产业科技发展的路线图更加复杂。[①]由于未来产业处于产业生命周期的孕育期，技术和产业发展充满高度的不确定性，创新主体之间、主体与环境之间会发生协同演化，导致未来产业创新体系会随技术进步而动态变化，在此过程中，一些曾经被认为具有产业化前景的前沿技术可能被市场证明没有经济价值，从而退出未来产业的行列；或者是通过竞争不断优化改进，功能得到更新，以满足系统新功能实现的需要。[②]未来产业科技发展的不确定性高主要原因是推动未来产业发展的前沿科技复杂度高，从前沿科技到未来产业的过程难以预知，其间的技术路线、应用领域时刻处于动态变化中。[③]

三、全球未来产业发展动向及演进趋势

（一）全球新技术革命与产业变革的趋势

当前，全球重大前沿技术和颠覆性技术快速突破，新一轮科技革命和产业变革深入发展，信息技术、生物技术、制造技术、新能源技术、新材料技术等蓬勃兴起，全球科技创新活动进入密集期，新技术、新产业发展日新月异。

---

① 杨丹辉.未来产业发展与政策体系构建.经济纵横，2022（11）：33-44.

② 郭京京，眭纪刚，马双.中国未来产业发展与创新体系建设[J].新经济导刊，2021（3）：10-17.

③ 杨跃承，武文生，党好.发展未来产业是我国构筑长期竞争优势的战略选择[J].中国经济周刊，2021（23）：104-108.

1.科技交叉融合、前沿技术和颠覆性技术突破

学科交叉融合不断发展，人工智能、物联网、大数据、量子计算等新一代信息技术正处于重要突破关口，干细胞技术、合成生物学、基因组学、脑科学、免疫学等领域技术取得突破性进展，低空领域、深海探测和开发、清洁能源等技术创新更加密集，新材料、工业互联网、机器人等重大基础研究和引领性原创成果不断涌现，科学与技术之间、技术与技术之间边界日益模糊，多领域技术交叉融合创新层出不穷。

2.研究和产业化的边界日益模糊，创新周期逐渐缩短

传统意义上的基础研究、应用研究、技术开发和产业化的边界日趋模糊，科技创新链条更加灵巧，技术更新和成果转化更加便捷，产业更新换代不断加快，现代技术的复杂性使得技术与产业之间的交流更加频繁。如新发传染病从病原体分离鉴定到诊断试剂研制，过去往往需要不同领域专家耗费数年才能完成，随着基因测序、抗体制备等共性技术的广泛应用，现在仅需数月就能完成上述工作，为传染病防控提供了有力支撑。[①]随着数字化、智能化等技术的发展，技术与产业的融合趋势越来越明显，许多新兴行业都是基于技术的创新而产生的，而传统产业也在通过技术升级实现转型，这种融合使得技术与产业之间的交流更加密切，双方需要共同探索新的商业模式和发展路径。

3.数据成为驱动技术创新的新引擎

随着移动互联网、云计算等技术的发展，大数据作为基础性要素发挥着越来越重要的作用，数据驱动的科学研究成为科研新范式。在技术创新的过程中，数据为决策提供了有力的支撑，数据驱动的决策模式使得技术创新更加有针对性和实效性。在人工智能、机器学习等领域，数据是优化算法和模

① 王革.推动我国未来产业发展的对策建议[J].人民论坛，2023（17）：78-82.

型的关键。通过不断地用数据训练模型，可以提高模型的准确性和性能，从而推动这些技术在各个领域的应用和创新。数据挖掘技术能够从大量数据中提取出有价值的信息和知识，为技术创新提供新的思路和方向。数据的共享和开放还可以促进不同领域之间的跨界合作与创新，数字和智能技术的快速发展，有望从根本上改变现有生产函数、拓展生产可能性边界，形成新的产业链和价值链。

4.全球范围内科技竞争更加激烈

主要发达国家纷纷强化重大前沿技术和颠覆性技术战略部署，新兴产业技术领域和极地、空天资源争夺加剧，全球前沿科技发展竞争激烈。2024年2月，美国再次更新《关键和新兴技术清单》，涵盖了18项技术，包括先进计算、先进工程材料、人工智能、生物技术等尖端科技领域。这份清单的更新旨在巩固美国在全球科技竞争中的领先地位，确保其国家安全和经济利益。通过关注和推动这些技术的发展，美国能够维持其科技霸主地位，并保持军事威慑力。欧盟、英国、日本、韩国等主要经济体也不断强化科技创新领域布局，展开激烈科技竞争。

（二）未来产业发展焦点与重点

国家"十四五"规划纲要明确，聚焦类脑智能、量子信息、基因技术、未来网络、深海空天开发、氢能与储能等前沿科技和产业变革领域，实施未来产业孵化与加速计划，布局一批未来产业。2024年1月，工业和信息化部等七部门印发《关于推动未来产业创新发展的实施意见》，部署未来产业六大发展方向，指出要"重点推进未来制造、未来信息、未来材料、未来能源、未来空间和未来健康六大方向产业发展"（见表1-1）。夏季达沃斯论坛、麦肯锡公司、Forrester Research（弗雷斯特研究公司）、Gartner Group（高德纳咨询公司）、IEEE（美国电气电子工程师学会）等机构预测未来新兴技术将集中在人工智能、工业化机器、云计算、5G/6G通信、量子技术、新能源汽车等方向（见表1–2）。

表1–1 未来产业的六大发展方向

发展方向	具体内容
未来制造	发展智能制造、生物制造、纳米制造、激光制造、循环制造，突破智能控制、智能传感、模拟仿真等关键核心技术，推广柔性制造、共享制造等模式，推动工业互联网、工业元宇宙等发展
未来信息	推动下一代移动通信、卫星互联网、量子信息等技术产业化应用，加快量子、光子等计算技术创新突破，加速类脑智能、群体智能、大模型等深度赋能，加速培育智能产业
未来材料	推动有色金属、化工、无机非金属等先进基础材料升级，发展高性能碳纤维、先进半导体等关键战略材料，加快超导材料等前沿新材料创新应用
未来能源	聚焦核能、核聚变、氢能、生物质能等重点领域，打造"采集—存储—运输—应用"全链条的未来能源装备体系。研发新型晶硅太阳能电池、薄膜太阳能电池等高效太阳能电池及相关电子专用设备，加快发展新型储能，推动能源电子产业融合升级
未来空间	聚焦空天、深海、深地等领域，研制载人航天、探月探火、卫星导航、临空无人系统、先进高效航空器等高端装备，加快深海潜水器、深海作业装备、深海搜救探测设备、深海智能无人平台等研制及创新应用，推动深地资源探采、城市地下空间开发利用、极地探测与作业等领域装备研制
未来健康	加快细胞和基因技术、合成生物、生物育种等前沿技术产业化，推动5G/6G通信、元宇宙、人工智能等技术赋能新型医疗服务，研发融合数字孪生、脑机交互等先进技术的高端医疗装备和健康用品

表1–2 主要机构对未来产业发展方向的预测

机构名称	未来产业发展方向
2023年夏季达沃斯论坛	未来十大新兴技术：生成式AI、柔性电池、可持续航空燃料、工程噬菌体、改善心理健康的元宇宙、植物传感器、空间组学、柔性神经电子学、可持续计算、AI辅助医疗

续表

机构名称	未来产业发展方向
麦肯锡公司	科技趋势展望：生成式AI、应用型AI、工业化机器学习、下一代软件开发、信任架构和数字身份、Web3.0、先进连接技术、全息现实技术（AR/VR/WR）、云以及边缘计算、量子技术
Forrester Research	十大新兴技术：生成式AI、自动化的工作助手、对话型AI、去中心化数字身份、边缘智能、可解释性AI、图灵机器人、扩展现实（XR）、Web 3.0、零信任边缘
Gartner Group	2024年十大战略技术趋势预测：全民化生成式AI、AI治理、持续威胁暴露面管理、使用可持续技术、平台工程、AI增强开发、行业云平台、智能应用、增强型互联网队伍、机器客户
IEEE	2024年及未来技术展望：人工智能、扩展现实（XR）、云计算、5G/6G通信、新能源汽车、数字孪生技术、量子计算、网络安全技术

1. 类脑智能产业

类脑智能是受大脑神经运行机制和认知行为机制启发，以计算建模为手段，通过软硬件协同实现的机器智能。类脑智能具备信息处理机制上类脑、认知行为表现上类人、智能水平上达到或超越人的特点。随着大数据、云计算、物联网等技术日益成熟，人工智能产业迎来蓬勃发展，语音识别、无人驾驶、智能问答、图像分类等人工智能技术已广泛应用于人类经济社会的各种领域。类脑智能是人工智能的一个延续阶段。类脑智能研究的目标就是通过借鉴脑神经结构及信息处理机制，使机器实现人类具有的多种认知能力及其协同机制，最终达到或超越人类智能水平。

2. 量子信息产业

量子信息是指以量子力学基本原理为基础、通过量子系统的各种相干特性（如量子并行、量子纠缠和量子不可克隆等），进行计算、编码和信息传输的全新信息方式。量子信息主要包括量子计算、量子通信和量子测量三大领域，在提升计算困难问题运算处理能力、加强信息安全保护能力、提高传感测量精度等方面，具备超越经典信息技术的潜力。量子信息产业链从上游到下游主要包含基础光电元器件、量子通信核心元器件、量子通信传输干线、量子系统平台以及应用层五个环节。其中基础光电元器件和量子通信核心元器件是支撑起量子通信的技术和硬件基础；量子通信传输干线是实现远程量子通信及量子网络的传输渠道；量子系统平台主要负责对信息进行整合处理并根据需求发出相关指令，是维护整个系统健康运转的软件基础；应用层则为量子信息产业的下游，主要为军事国防、政务、金融、互联网云服务、电力等领域的应用。

3. 合成生物产业

合成生物产业是通过一系列重新设计与技术改造生物体或细胞以使其具有新的能力，在此过程中设计与构建一系列新的标准化的生物元件、组件与系统，以实现理想的生物制造能力的产业。合成生物学技术主要由代谢工程学、系统生物学以及计算机科学技术构成，其中代谢工程学包括代谢通路优化技术、代谢途径模拟和模型构建技术、基因工程技术以及代谢产物分离和纯化技术，系统生物学包括组学技术、生物信息学技术、细胞生物学技术以及模式生物学技术，计算机科学技术在合成生物学中发挥了重要作用，主要包括计算生物学、数据挖掘、机器学习和遗传算法技术等。利用合成生物学技术构建微生物细胞工厂，可实现廉价原料到高价值化学品的高效生产，且生产过程清洁环保，具有巨大市场发展潜力。合成生物是交叉学科，从技术过程来看，经历了上游的底盘设计、菌种构建，中游的发酵条件优化，以及下游的分离提取。不仅运用到了分子生物学技术、AI深度学习、高通量筛选等方法，还用到了发酵工艺放大、流体力学、分离提取制备等技术。

4. 氢能产业

氢能是一种优质的二次能源，具备清洁零碳、可再生的优势，氢能可在多种场景替代汽油、柴油、天然气等能源，促进工业、交通等领域深度脱碳；从供给侧能源安全的角度来看，氢能以水为原料，使用风电、光伏作为清洁电源制取，是优质可再生能源，推广潜力巨大。氢能有望广泛用于工业、交通、电力和建筑四大场景。氢能应用目前以工业领域为主，长期看，在交通、电力领域有广阔发展空间。工业领域：合成氨等传统化工领域，氢气作为原材料，存量需求庞大，绿氢存在渗透空间；未来氢冶金、工业供热等新领域有望带来巨大的增量用氢需求。交通领域：交通是氢能最具潜力的赛道，产业链长，潜在的产业规模庞大。目前氢能交通应用以氢燃料电池汽车为主，未来也有望推广到船舶、航空等高载重、续航要求高的场景。电力领域：氢能电力系统发展阶段尚早，储能、发电等方向均值得期待。建筑领域：氢能有望通过燃料电池热电联供、天然气掺氢等方式，部分替代建筑供热、燃气中的化石燃料，推动节能减排。

5. 智能网联汽车产业

智能网联汽车是指利用车载传感器、控制器、执行器、通信装置等，实现环境感知、智能决策、自动控制、协同控制、信息交互等功能的汽车的总称。早期智能网联汽车侧重于"智能汽车"，强调单车智能化，未来将逐步向智能化与网联化相融合的路径发展，成就真正的智能网联汽车。智能网联汽车的产业链是传统汽车产业链的升级与延伸，包括上游产业支撑（感知、决策、执行、通信系统软硬件）、中游整车制造与解决方案、下游应用。智能汽车产业链的上游主要分为：包含传感器、高精地图和定位的感知板块，包含算法、芯片和操作系统的决策系统板块，包含云平台和电子电气架构的通信板块，包含线控底盘、集成控制系统的执行控制板块。中游则主要为智能驾驶座舱、自动驾驶解决方案以及整车制造。下游则是智能汽车的经销商、各类服务商等。

未来产业重点领域发展趋势如图1-1所示。

图1-1　未来产业重点领域发展趋势

（三）未来产业发展趋势与前景展望

1. 智能、绿色和健康是未来产业的发展趋势

未来产业的发展趋势主要围绕智能化、绿色化和健康化展开，目的是让社会生产更加智能且高效，让能源更加清洁且便宜，让人的生活健康且长寿。智能化的发展将使生产过程更加智能化和高效化，通过人工智能、大数据分析等技术的应用，实现生产流程的自动化和优化，提高资源利用效率，推动产业向智能制造和智能服务转型。绿色化的发展趋势意味着向可持续发展的方向迈进，通过推广清洁能源、减少污染排放等措施，实现生产方式的

环保化和资源的可持续利用，为地球生态环境的改善作出贡献。健康化的发展着眼于人的全面发展，通过医疗科技的创新、健康管理的智能化等手段，提升人们的健康水平和生活质量，延长人的寿命。

2. 技术创新将成为推动未来产业发展的核心动力

随着颠覆性技术和前沿技术的不断发展，新产业、新模式、新动能不断涌现，成为推动未来产业变革和提升竞争力的核心动力。未来产业萌发于重大颠覆性技术或前沿技术，高度依赖基础科学的突破和应用场景的拓展，颠覆性技术创新是推动未来产业发展的关键，从人工智能到生物技术，从物联网到区块链，技术的不断创新为未来产业带来了全新的发展机遇和可能性。

3. 跨界融合将成为未来产业发展的新常态

当前，新一轮科技革命和产业变革加速演进，随着科技的进步和市场的需求变化，不同产业之间的边界将逐渐模糊，科技创新和产业发展融合不断加深，催生出元宇宙、人形机器人、脑机接口、量子信息等新产业发展方向。这些新兴领域的发展将引领产业变革的潮流，为不同行业的创新与发展提供广阔空间和新的动力源。跨界融合不仅会创造更多的商业模式和增长点，还会促进资源的整合与共享，加速创新成果的应用和产业的转型升级。

4. 围绕未来产业的国际合作与竞争将加剧

全球化进程的加速和国际分工的深化，使各国之间的合作与竞争将更加紧密。在全球价值链中，各国将通过加强合作来共同推动产业的发展，分享科技成果和市场机遇。同时，国际竞争也将更加激烈，未来，世界各国特别是美国等西方国家与中国等发展中国家在先进通信、量子信息、机器人和生物技术等领域的竞争将进一步加剧，并可能形成技术、人才、资金和产业流动的断裂点，将深度影响未来产业的全球发展趋势。此外，由于基础研究、应用研究、技术开发和产业化边界日趋模糊，很多科学研究的成果迅速转化为产品，各国对未来产业领域的激烈竞争将推动对高端人才和团队的争夺，竞争前移。[①]

四、未来产业和新质生产力的关系

（一）新质生产力的提出

2023年9月，习近平总书记在黑龙江考察调研期间首次提到“新质生产力”。2024年1月31日，习近平总书记在主持二十届中央政治局第十一次集体学习时强调，发展新质生产力是推动高质量发展的内在要求和重要着力点。新质生产力，指在当代科技进步条件下，新兴产业特别是战略性新兴产业、未来产业所产生的具有新的性质、新的属性的利用自然、改造自然的能力，它既有已经成为战略性新兴产业生长出的新枝，也有未来产业萌发的新芽，是经济发展的新动能。新时期，中央提出培育未来产业，未来产业是基于前沿、重大科技创新而形成的产业，是最具发展潜力、对经济社会具有全局带动和重大引领作用的产业，对于整合科技创新资源、引领颠覆性创新和产业技术革命、形成新质生产力、抢抓下一阶段发展机遇至关重要。

新质生产力这一概念的提出，深刻体现了我国经济结构转型背景下对马克思主义生产力理论的传承与发展。在马克思主义生产力理论中，生产力具有二重性，是社会与自然资源在组织劳动之下的统一，包含劳动对象、劳动要素与劳动者三大要素。针对我国生产力发展的实践，邓小平同志提出了“科学技术是第一生产力”的科学论断；进入新时代，习近平总书记提出“创新是引领发展的第一动力”这一论述。上述论断与论述，都基于我国生产力发展的具体实践，强调了科技创新在生产力发展中的重要意义。随着信息化、数字化不断渗透产业链条、深入影响世界经济发展，新的劳动要素与

① 王革.推动我国未来产业发展的对策建议[J].人民论坛，2023（17）：78-82.

劳动对象诞生，旧有的劳动要素和劳动对象也得到改造，对劳动者也提出了新的要求。新质生产力应运而生，回应了新时代高质量发展对于生产力理论创新的需要，具有鲜明的时代特色和实践性，是在新的历史条件下对传统生产力理论的进一步拓展。

（二）新质生产力的内涵

新质生产力代表先进生产力的演进方向，是由技术革命性突破、生产要素创新性配置、产业深度转型升级而催生的先进生产力质态。新质生产力以劳动者、劳动资料、劳动对象及其优化组合的跃升为基本内涵，具有强大发展动能，能够引领创造新的社会生产时代。

1.更高素质的劳动者是新质生产力的第一要素

人是生产力中最活跃、最具决定意义的因素，新质生产力对劳动者的知识和技能提出更高要求。发展新质生产力，需要能够创造新质生产力的战略人才，包括在颠覆性科学认识和技术创造方面作出重大突破的顶尖科技人才、在基础研究和关键核心技术领域作出突出贡献的一流科技领军人才和青年科技人才；需要能够熟练掌握新质生产资料的应用型人才，包括以卓越工程师为代表的工程技术人才和以大国工匠为代表的技术工人。

2.更高技术含量的劳动资料是新质生产力的动力源泉

生产工具的科技属性强弱是辨别新质生产力和传统生产力的显著标志。新一代信息技术、先进制造技术、新材料技术等融合应用，孕育出一大批更智能、更高效、更低碳、更安全的新型生产工具，进一步解放了劳动者，削弱了自然条件对生产活动的限制，极大拓展了生产空间，为形成新质生产力提供了物质条件。

3.更广范围的劳动对象是新质生产力的物质基础

劳动对象是生产活动的基础和前提。得益于科技创新的广度延伸、深度拓展、精度提高和速度加快，劳动对象的种类和形态大大拓展。一方面，人类从自然界获取物质和能量的手段更加先进，利用和改造自然的范围扩展至深空、深海、深地等；另一方面，人类通过劳动不断创造新的物质资料，并转化为劳动对象，大幅提高了生产率。

（三）未来产业是形成新质生产力的重要引擎

纵观人类发展经济史，新技术变革和新兴产业是新兴市场国家和发展中国家实现“换道超车”的重要机遇。习近平总书记强调，要整合科技创新资源，引领发展战略性新兴产业和未来产业，加快形成新质生产力。形成新质生产力，发展未来产业是关键。我国应准确把握国内外产业发展规律和新一轮科技革命带来的机遇，开辟发展新领域新赛道，不断塑造发展新动能新优势，前瞻布局、培育发展未来产业，抢占未来全球产业竞争制高点，推动我国经济高质量发展，加快建设科技强国，全面推进中国式现代化产业体系建设。

未来产业是由前沿技术驱动，当前处于孕育阶段或成长初期，具有显著战略性、引领性、颠覆性和不确定性的前瞻性新兴产业。布局建设未来产业是引领科技创新、带动产业升级、培育新质生产力的战略选择，不仅是我国高质量发展的应有之义，而且为加快形成新质生产力提供源源不断的驱动力。

1. 引导重大前沿技术领域的颠覆性突破

与传统生产力相比，新质生产力不是简单的“量的扩张”，而是“质的跃升”，更需要前沿技术领域的重大突破和颠覆性创新。从产业发展的角度看，未来产业代表着科技创新的方向，具有科技含量高、知识密集和绿色特征突出等特点，高度依赖基础研究、原始创新和颠覆性创新。因此，未来产业的发展必然伴随着颠覆性技术创新，进而催生新质生产力。

2. 促进生产要素创新性配置

未来产业代表着技术产业化发展的方向，是产业关联性强、多领域融合度高、市场空间大的产业，产业发展过程也是生产要素创新性配置的过程。首先，人工智能、大数据技术逐步演化为未来产业的通用技术，数据要素作为新型生产要素，大规模进入未来产业的技术研发、设计、制造、营销等全流程的价值链中，深刻改变着资源配置方式、要素结构和价格形成机制。其次，未来产业以算力网等新型基础设施为依托，跨界集成各类软件系统和智能硬件终端，建构起“人机协同”的新生产方式。生产方式的变化不仅对劳动者的数量及其数字化智能化技能提出了新要求，也重构了产业发展过程中参与方之间的收益分配机制，引导生产要素市场流动。最后，未来产业的底色是绿色低碳，产业发展过程必然会调整能源等生产要素的投入结构。能源投入结构由传统的燃料密集型向清洁化、多元化转型，进一步激发市场对新型材料、智能硬件、新型设备等的新需求。未来产业发展必然会推动技术在不同行业领域的应用深化，形成跨界融通的新业态新模式，引领生产方式发生重大变化，技术、劳动力、能源物质等要素的创新性配置是新质生产力加快形成的重要驱动力。

3. 推动传统产业深度转型升级

进入21世纪以来，以人工智能、量子信息、移动通信、物联网、区块链为代表的新一代信息技术加速突破应用，以合成生物学、基因编辑、脑科学、再生医学等为代表的生命科学领域孕育新的变革，融合机器人、数字化、新材料的先进制造技术正在加速推进制造业向智能化、服务化、绿色化转型。传统产业由于发展历史较长、技术应用相对成熟、进入门槛较低，市场竞争激烈，存在产业利润率和附加值偏低等问题。尤其是在当前推动“双碳”目标实现的背景下，很多传统行业在能源消耗、污染物排放、二氧化碳排放等方面离绿色化、低碳化的发展要求还有一定距离。发展未来产业是推动传统产业转型升级的重要途径，也是培育经济发展新赛道和新增长点的必然选择。

五、培育发展未来产业对我国的重要意义

（一）培育发展未来产业是我国抢占全球产业竞争制高点的战略选择

纵观前几次工业（产业）革命，新兴产业都是构建全球竞争新优势的关键和重构世界经济政治格局的重要因素。当前，科技革命和产业变革加速演进，大国竞争愈演愈烈。科技创新成为全球战略竞争主战场，承载科技创新成果的未来产业成为大国博弈的新焦点新赛道。

培育发展未来产业是我国与全球创新保持同步以及实现赶超的重要抓手。世界主要经济体加速布局未来产业，美国持续更新关键和新兴技术清单，提出大力支持人工智能、先进制造、量子信息、空天科技等领域的基础和应用研究，美国还在《无尽前沿法案》（*Endless Frontier Act*）中表示，美国的领导地位受到了中国的挑战，要举全国之力以取得未来产业领导权；[①]欧盟为了巩固和提升国际竞争力，持续加大对高性能计算、量子科技、新一代通信等未来产业的支持力度；英国、日本等发达国家也提出出台未来产业相关政策和战略部署，通过构建未来产业研究机制、调动多元化科研力量超前谋划和布局未来产业。[②]近年来，我国在量子通信、计算机视觉、超级计算等领域取得一系列亮眼成果，培育发展未来产业利于我国巩固和发展现有产

---

① 周波，冷伏海，李宏，等.世界主要国家未来产业发展部署与启示[J].中国科学院院刊，2021，36（11）：1337-1347.

② 杨跃承，武文生，党好.发展未来产业是我国构筑长期竞争优势的战略选择[J].中国经济周刊，2021（23）：104-108.

业优势，并在全球新一轮产业竞争中构筑新优势的关键。

培育发展未来产业是我国突围美国对我国进行科技打压遏制的重要着力点。中美贸易摩擦以来，美西方国家通过联合盟友、“长臂管辖”、制裁、限制出口等方式不断升级对我国技术封锁，强化对我国科技领域进行打压。例如，在半导体、人工智能、量子信息科学等领域，美国联合盟友对我国采取技术出口管制、阻碍人才交流、加大外资审查等手段干预我国高科技企业对外交流合作。因此，培育发展未来产业有利于我国整合全球创新资源，融入全球创新体系，以及提升科技产业长期竞争力。

培育发展未来产业有助于提升我国国际话语权和国际影响力。当前，我国与发达国家处于未来产业发展的同一起跑线，培育发展未来产业是抢抓未来发展主动权、构筑非对称优势的战略“先手棋”。随着新一轮科技革命与产业变革向纵深推进，发展未来产业时不我待、刻不容缓，是不容错过的战略机遇，是打造先发优势、引领未来发展的关键所在。在全球产业治理体系中，拥有未来产业的话语权意味着能够主导产业发展方向、制定产业标准、引领产业创新，培育发展未来产业，我国可以在国际产业竞争中占据有利地位，提升国际影响力。

（二）培育发展未来产业是推动我国经济高质量发展的重要动力

近年来，我国人口结构变化和劳动力成本上升，传统产业竞争优势持续削弱、后发追赶空间缩小，特别是一些高投入、高消耗、高污染的产业面临资源、环境、生态的约束日趋增强。与此同时，中美贸易摩擦、高科技和产业脱钩，全球通胀和滞胀，全球供应链和产业转移，国内投资者、企业家、消费者预期转弱等，都不同程度地影响着我国经济发展，亟待培育发展未来产业加快形成更多新质生产力，为我国经济高质量发展提供有效支撑和持久动力。

培育发展未来产业有助于实现创新驱动经济内生增长。科技创新是经济增长的根本动力，未来产业由前沿技术所推动，代表新一轮科技革命和产业变革的发展方向，培育和发展未来产业的过程是促进前沿技术突破产业化的过程，可以促进不同技术、不同产业链在不同行业领域应用中重新组合，在提升前沿技术创新能力的同时对现有产业产生溢出效应。未来产业目前尚处于孕育阶段，未来发展潜力巨大，有望高速增长成为一批千亿级、万亿级先导性产业和支柱性产业，催生规模庞大的新兴产业链与产业集群，有助于在更多新领域培育更多新的经济增长点，为我国经济发展注入源源不断的活力。

（三）培育发展未来产业是我国加快建设科技强国的重要支撑

党的二十大报告指出，“必须坚持科技是第一生产力、人才是第一资源、创新是第一动力，深入实施科教兴国战略、人才强国战略、创新驱动发展战略”。中共中央、国务院印发的《国家创新驱动发展战略纲要》指出，国家创新驱动发展战略目标是到2020年进入创新型国家行列，到2030年跻身创新型国家前列，到2050年建成世界科技创新强国。

未来产业是由前沿科技推动的，与科技创新密切相关，涉及原始性和颠覆性技术，培育发展未来产业不仅可以带动基础科学、产业共性技术更快地发展，而且能推动产业化技术更加成熟、创造更多颠覆性创新成果，有助于提升国家的科技创新能力，加快实现高水平科技自立自强。当前，我国科技强国建设取得一系列成就，在5G/6G通信、航空航天、新能源、高铁、量子力学等多个领域达到全球先进水平，科技创新对中高端产业发展、国家重大工程及社会民生领域的支撑显著增强，综合创新能力不断提升。但也要看到，我国科技强国建设还面临一些约束条件和短板弱项，要实现2030年进入创新型国家前列的目标，除了科技实力的提升外，还需要创新思维的转变。未来产业基于重要的科学发现或重大技术突破，代表着未来科技和产业的发展方向，当前全球未来产业发展的路径都还不够清晰，我国与发达国家处于同一起跑线，我国加大培育发展未来产业，有利于增强我国对全球创新要素、创新资源、创新人才、创新企业的吸引力，为我国加快科技强国建设提供重要支撑。

（四）培育发展未来产业是我国构建现代化产业体系的关键抓手

党的二十大报告指出，“建设现代化产业体系。坚持把发展经济的着力点放在实体经济上，推进新型工业化，加快建设制造强国、质量强国、航天强国、交通强国、网络强国、数字中国”。当前，我国是全世界唯一拥有联合国产业分类中全部工业门类的国家，220多种工业产品产量居世界首位，建成了全球最大的5G网络、高速铁路网、高速公路网、网络零售市场，具有社会主义市场经济的体制优势、超大规模市场的需求优势、产业体系配套完整的供给优势、大量高素质劳动者和企业家的人才优势。但同时也要看到，我国产业发展仍处于全球价值链的中低端、一些关键的核心技术还受制于人、绿色低碳转型压力较大、部分能源资源短缺等问题和差距依然存在。未来产业将创造新动力，促进传统产业转型升级，引导经营主体向更先进的生产力聚集，催生新技术、新产业、新模式，加快我国构建现代化产业体系进程。

未来产业是现代化产业体系的重要组成部分，对于提升综合竞争力、构建持续竞争优势具有重要作用。加快培育和发展未来产业，能够带动传统产业转型升级，推动经济结构调整和优化。通过引入新技术、新工艺和新模式，可以改造提升传统产业，提高生产效率和产品质量，实现产业升级和可持续发展。未来产业的发展也将带动相关产业的发展，形成产业集群和产业链，促进区域经济协调发展。在融入全球产业分工体系方面，目前，劳动力成本对全球价值链布局的驱动作用逐渐减弱，未来产业代表了新一轮科技革命和产业变革的方向，具有高技术含量、高成长潜力和高附加值等特点，未来产业将激发全球分工的新动力，培育和发展未来产业有助于提升我国在全球产业链和价值链中的地位，增强国际竞争力。

第二章　我国培育发展未来产业的基础

大力发展未来产业，是引领科技进步、带动产业升级、形成新质生产力的战略选择。我国具备发展未来产业的优势条件。经济体制角度，我国具有社会主义市场经济的体制优势，有利于集中力量办大事；经济韧性强、潜力大、活力足，是推动高质量发展的重要支撑。科技创新角度，我国已初步建立起与社会主义市场经济相适应的国家创新体系，创新主体日益健全、创新环境不断改善、创新能力大幅提升，为我国未来产业建设贡献科技中坚力量。产才融合角度，我国教育投资稳定增长，战略科学家、顶尖技术人才和领军企业家储备丰富，能够积极适应未来产业的战略性、引领性、颠覆性和不确定性特征，协同推动未来产业发展。工业体系角度，我国拥有全球最完整、规模最大的工业体系和完善的配套能力，配以完备、发达而可靠的基础设施体系，为强国建设提供有力支撑。成果转化角度，我国拥有超大规模市场，成果转化需求规模大、潜力足、层次多，有利于充分发挥丰富应用场景优势，促进前沿技术与实体经济深度融合。

目前，我国未来产业发展已取得了初步成绩，基础研究突破和应用技术创新为未来产业发展奠定了扎实基础，标准和知识产权体系建设的完善为未来产业发展提供了制度保障，并在新能源汽车产业和5G通信产业等示范行业取得了丰富的产业培育经验。未来，我国仍需着力解决部分核心技术对外依赖、高端技术人才储备不足、产业创新生态有待健全和区域布局有待统筹优化等关键问题，更好地推动未来产业加速演进形成新质生产力。

一、我国未来产业政策演进

近年来，我国在未来产业领域陆续出台文件，为未来产业的发展提供战略规划与指导意见（见表2–1）。国家“十四五”规划纲要指出，要前瞻谋划未来产业，在类脑智能、量子信息、基因技术、未来网络、深海空天开发、氢能与储能等前沿科技和产业变革领域，组织实施未来产业孵化与加速计划，谋划布局一批未来产业。2024年1月，工业和信息化部等七部门联合发布《关于推动未来产业创新发展的实施意见》，全面布局未来产业，瞄准高端、智能和绿色等方向，加快传统产业转型升级，为建设现代化产业体系提供新动力。在未来产业的细分领域，如机器人、人工智能、智能制造等，我国还发布了“十四五”专项规划，对产业发展的关键技术、战略目标、重点任务等进行详细部署。

在未来产业区域协同建设方面，2017年，科技部发布《国家技术创新中心建设工作指引》，明确指出，国家技术创新中心以产业前沿引领技术和关键共性技术研发与应用为核心，打造创新资源集聚、组织运行开放、治理结构多元的综合性产业技术创新平台。2020年，科技部相继出台《关于推进国家技术创新中心建设的总体方案（暂行）》、《国家新一代人工智能创新发展试验区建设工作指引（修订版）》以及《长三角科技创新共同体建设发展规划》，通过推进区域科技创新共同体建设，以样板带动整体发展，提升能够引领未来产业发展方向的技术创新策源能力。2021年，国家发展改革委会同有关部门研究制定《全国一体化大数据中心协同创新体系算力枢纽实施方案》，推动构建数据中心、云计算、大数据一体化的新型算力网络体系，提升跨区域算力调度水平。

在未来产业科研人才培养方面，2018年，教育部发布《高等学校人工智能创新行动计划》，提出要坚持创新引领，进一步优化高校人工智能领域科技创新体系，把高校建成全球人工智能科技创新的重要策源地。2020年，教育部办公厅印发《未来技术学院建设指南（试行）》，目标是在专业学科综合、整体实力强的部分高校建设一批未来技术学院，探索专业学科实质性复合交叉合作规律，探索未来科技创新领军人才培养新模式。

在未来产业规范和治理方面，2022年，中共中央办公厅、国务院办公厅印发《关于加强科技伦理治理的意见》，在生命科学、医学、人工智能等重点领域制定科技伦理规范、指南等，强化科技伦理审查和监管，推动将重要的科技伦理规范上升为国家法律法规。2023年，工业和信息化部等四部门发布《新产业标准化领航工程实施方案（2023—2035年）》，提出持续完善新兴产业标准体系，前瞻布局量子信息、生成式人工智能、生物制造、未来网络等九大未来产业领域标准研究。

表2-1　国家出台的未来产业政策相关文件

发布时间	发布主体	文件名称	相关内容
2024年	工业和信息化部等七部门	《关于推动未来产业创新发展的实施意见》	全面布局未来产业，加快技术创新和产业化，打造标志性产品，壮大产业主体，丰富应用场景，优化产业支撑体系
2023年	工业和信息化部、科技部、国家能源局、国家标准化管理委员会	《新产业标准化领航工程实施方案（2023—2035年）》	新产业是指应用新技术发展壮大的新兴产业和未来产业，具有创新活跃、技术密集、发展前景广阔等特征，关系国民经济社会发展和产业结构优化升级全局

续表

发布时间	发布主体	文件名称	相关内容
2023年	工业和信息化部办公厅	《关于组织开展2023年未来产业创新任务揭榜挂帅工作的通知》	面向元宇宙、人形机器人、脑机接口、通用人工智能四大重点方向，聚焦核心基础、重点产品、公共支撑、示范应用等创新任务，加快推动未来产业创新发展
2022年	国家发展改革委、国家能源局	《氢能产业发展中长期规划（2021—2035年）》	明确氢的能源属性，提出氢能产业发展基本原则与发展各阶段目标，部署推动氢能产业高质量发展的重要举措
2022年	科技部、教育部、工业和信息化部等六部门	《关于加快场景创新以人工智能高水平应用促进经济高质量发展的指导意见》	打造人工智能重大场景，提升人工智能场景创新能力，加快推动人工智能场景开放，加强人工智能场景创新要素供给
2022年	中共中央办公厅、国务院办公厅	《关于加强科技伦理治理的意见》	制定生命科学、医学、人工智能等重点领域的科技伦理规范、指南等，完善科技伦理相关标准，明确科技伦理要求，引导科技机构和科技人员合规开展科技活动
2021年	工业和信息化部等八部门	《“十四五”智能制造发展规划》	攻克关键核心技术，包括基础技术、先进工艺技术、共性技术及人工智能等在工业领域的适用性技术
2021年	国家发展改革委、中央网信办、工业和信息化部、国家能源局	《全国一体化大数据中心协同创新体系算力枢纽实施方案》	优先满足虚拟现实/增强现实（VR/AR）、智能工厂等实时性要求高的业务需求
2021年	工业和信息化部、国家发展改革委等十五部门	《“十四五”机器人产业发展规划》	推进人工智能、5G、大数据、云计算等新技术融合应用，提高机器人智能化和网络化水平，强化功能安全、网络安全和数据安全

续表

发布时间	发布主体	文件名称	相关内容
2021年	工业和信息化部	《新型数据中心发展三年行动计划（2021—2023年）》	推动新型数据中心与人工智能等技术协同发展，构建完善新型智能算力生态体系
2021年	科技部	《科技创新2030—“新一代人工智能”重大项目2021年度项目申报指南》	以推动人工智能技术持续创新和与经济社会深度融合为主线，围绕大数据智能、跨媒体智能、群体智能等五大方向持续攻关
2021年	工业和信息化部、中央网信办	《关于加快推动区块链技术应用和产业发展的指导意见》	到2025年，区块链产业综合实力达到世界先进水平，产业初具规模；到2030年，区块链产业综合实力持续提升，产业规模进一步壮大
2020年	国家发展改革委、中央网信办	《关于推进“上云用数赋智”行动培育新经济发展实施方案》	支持在具备条件的行业领域和企业范围探索大数据、人工智能、云计算、数字孪生、5G、物联网和区块链等新一代数字技术应用和集成创新
2020年	科技部	《国家新一代人工智能创新发展试验区建设工作指引（修订版）》	全面提升人工智能创新能力和水平，打造一批新一代人工智能创新发展样板，探索智能社会建设新路径
2020年	教育部办公厅	《未来技术学院建设指南（试行）》	在面向未来经济社会发展的基础性、关键性领域，凝练独具优势的、基于专业交叉的未来技术特色
2020年	科技部	《关于推进国家技术创新中心建设的总体方案（暂行）》	突破制约我国产业安全的关键技术瓶颈，培育壮大一批具有核心创新能力的一流企业
2020年	科技部	《长三角科技创新共同体建设发展规划》	提升能够引领未来产业发展方向的技术创新策源能力

续表

发布时间	发布主体	文件名称	相关内容
2019年	人力资源和社会保障部、工业和信息化部	《关于深化工程技术人才职称制度改革的指导意见》	围绕国家重大战略任务和未来产业发展方向，对工程系列相关评审专业进行动态调整
2018年	教育部	《高等学校人工智能创新行动计划》	对照国家和区域产业需求布点人工智能相关专业
2017年	科技部	《国家技术创新中心建设工作指引》	开展战略技术、前沿技术和关键共性技术研发，为抢占未来产业制高点提供政策和技术支撑
2017年	国务院	《新一代人工智能发展规划》	提出了面向2030年我国新一代人工智能发展的战略目标、重点任务等，部署构筑我国人工智能发展的先发优势

二、我国未来产业发展的优势条件

（一）经济基础扎实，经济制度优势明显

我国经济具有长期稳定发展的强大优势，社会主义市场经济体制有利于集中力量办大事，我国经济韧性强、潜力大、活力足，是推动未来产业发展的重要支撑。

社会主义市场经济体制是我国具备的独特优势，为培育和发展未来产业提供了制度保障。一是有利于前瞻布局经济规划。通过国家发展规划、专项规划以及地方规划，可围绕国家战略需求，超前部署事关国家长远发展的未来产业，确保未来产业发展的战略方向和战略重点。二是有利于集中力量办大事。充分发挥政府作用，解决关系国家整体利益和长远利益的重大战略问题。例如，集中力量建设大科学装置，组建适应未来产业发展需要的新型研

发机构，组织重大科研计划，强化国家战略科技力量，大幅提升科技攻关体系化能力，在重要领域形成竞争优势、赢得战略主动。三是有利于实现新兴产业转化。可通过调动中央和地方力量将科技创新和产业发展向未来产业领域倾斜，引导地方加大对未来产业的支持，在全国形成支持未来产业发展的合力，孕育各具特色、优势互补、结构合理的先进产业集群，塑造前沿技术和颠覆性技术的未来产业应用场景。

国民经济回升向好，为未来产业发展提供稳定的经济支撑。2023年我国国内生产总值1260582亿元，比上年增长5.2%，增速在世界主要经济体中继续保持领先。第一、二、三产业增加值占国内生产总值比重分别为7.1%、38.3%和54.6%，产业结构合理、发展协调，适应经济长期增长的目标。最终消费支出拉动国内生产总值增长4.3个百分点，需求端对经济增长的牵引力逐年扩大，有利于通过深挖生产生活新场景推动未来产业的发展。经济社会的平稳发展有利于推动高质量发展，有利于促进现代化产业体系建设，为国家未来产业的发展奠定扎实基础。

新发展格局为未来产业体系化建设提供重要支撑。一是产业战略布局加强，制造业竞争优势持续提升。2023年，我国制造业景气水平有所回升，增加值占全球比重约30%。传统制造业高端化、智能化发展水平明显提升，战略性、先导性产业联合攻关，汽车、高铁、卫星等领域“卡脖子”环节取得突破性进展，为未来产业发展奠定技术基础。二是生产要素流动畅通，国内市场建设扎实推进。我国市场环境逐步优化，要素市场化配置逐渐完善。2023年，全年社会消费品零售总额471495亿元，比上年增长7.2%。最终消费支出和资本形成总额对经济增长的贡献率分别为82.5%和28.9%。要素配置效率的提高将带动生产效率的提升，有利于高质量生产活动的开展。三是高水平对外开放推进，产业国际竞争力提高。2023年，外资准入的行业领域进一步放宽，全年货物进出口总额较上年增长0.2%，货物进出口顺差较上年增加1938亿元。高水平的对外开放提高了我国在国际分工体系中的地位，有利于尽快打开新兴产品出口市场，推动国内生产加速提质升级。

（二）科技创新支撑，前沿技术成果显著

我国已建立具有中国特色的国家创新体系，创新主体日益健全、创新环境不断改善、创新能力大幅提升，为我国未来产业发展贡献科技中坚力量。

未来产业的发展是由前沿技术创新所推动的，我国加快建设面向科技自立自强的国家创新体系，是发展未来产业的基础。一是集思汇智，促进多领域交叉发展。我国基础研究和原始创新成果不断涌现，在新能源、量子信息、脑科学、生物育种、空天科技、深地深海等前沿领域取得重大成果，在关键领域与发达经济体的差距持续缩小，在新赛道形成与世界领先国家同步并跑、比肩竞争的良好态势，为未来产业发展提供了源源不断的创新源泉。二是协同联动，打造集成创新主平台。我国目前正以研发体系带动产业布局，于北京、上海、粤港澳大湾区打造了国际科技创新中心，吸引、汇聚并整合全国资源打造科创高地，呈现“多点突破”态势。集成创新的形式有利于培育技术体系、创新体系和生态，合力解决“卡脖子”问题，为技术密集型产业发展提速。

我国研发投入不断增长，平台建设有序推进，专利数量稳步提升，彰显了坚实的创新基础和雄厚的科技力量。2023年我国研究与试验发展（R&D）经费支出33278亿元，比上年增长8.1%，占国内生产总值的2.64%。其中，基础研究经费2212亿元，比上年增长9.3%。纳入新序列管理的国家工程研究中心207个，国家企业技术中心1798家。国家科技成果转化引导基金累计设立36只子基金，资金总规模624亿元。国家级科技企业孵化器1606家，国家备案众创空间2376家。2023年授予发明专利权92.1万件，比上年增长15.4%。截至2023年底，我国共受理按照《专利合作条约》（PCT）提交的国

际专利申请量7.4万件，且自2019年开始我国的PCT国际专利申请量连续5年位居世界第一。截至2023年底，有效发明专利499.1万件，比上年末增长18.5%。

近年来，以电动汽车、电池、芯片、太阳能和机器人为代表的各制造业领域前沿科技成果不断涌现。2023年，我国科技成就举世瞩目，展现了深厚的科研实力（见表2-2）。

表2-2　我国核心技术突破概览

领域	核心技术突破
6G太赫兹通信	（1）全球首颗6G试验卫星“电子科技大学号”在太原成功发射，并在太空进行了全球首次太赫兹空间通信技术验证。 （2）博微太赫兹公司自主研发了太赫兹通信系统。 （3）我国紫金山实验室创造了全球太赫兹无线通信最高实时传输纪录，领先地位突出
量子信息	（1）中国科学院、清华大学、浙江大学等研究机构及阿里巴巴、华为、本源量子等科技公司已取得多项世界领先水平的研究成果，量子通信处于国际领先水平。 （2）我国是目前世界上唯一在多个物理体系和领域达到“量子优越性”里程碑的国家
人工智能	（1）成熟的AI技术逐渐向代码库、平台和系统发展，推动人工智能发展迈向新的阶段。 （2）机器学习、自然语言处理、计算机视觉等领域不断催生新算法、新模型、新范式，为人工智能产业发展提供了更多的可能性。 （3）AI框架正朝着全场景支持、超大规模A1、安全可信等技术特性深度探索，不断实现新的突破
卫星互联网	（1）低轨卫星依托轨道高度优势，时延指标可以基本实现与地面系统相媲美。 （2）伴随宽带通信技术创新，卫星通信带宽已实现从Mbps级至Gbps级的大幅度升级。 （3）随着卫星研制技术的成熟，卫星互联网系统在整体制造成本方面具备更加显著的优势，同时使用寿命得到了延长

（三）产才融合深化，激活未来产业动能

高素质劳动力是发展未来产业的必备条件之一。我国教育投资稳定增长，战略科学家、顶尖技术人才和领军企业家储备丰富，能够积极适应未来产业的战略性、引领性、颠覆性和不确定性特征，协同推动未来产业发展。

我国教育投资逐年增长，位居世界前列，推动了劳动力受教育水平的快速增长。2012—2021年，国家财政性教育经费支出占GDP的比例连续10年为4%以上，国家财政性教育经费这10年累计支出33.5万亿元，年均增长9.4%，高于同期GDP年均名义增幅（8.9%）和一般公共预算收入年均增幅（6.9%）。2022年全国按在校学生人数平均的一般公共预算教育经费为15731.97元，比上年增长2.44%。全国幼儿园、普通小学、普通初中、普通高中和中等职业学校的教育经费支出分别为10198.39元、12791.64元、18151.98元、19117.92元和17461.54元，比上年分别增长7.29%、3.32%、2.14%、1.64%和2.14%。

随着教育体系的快速建设，我国劳动力素质总体提高。一是劳动力受教育程度普遍提高。第七次全国人口普查显示，15岁及以上人口的平均受教育年限为9.91年，比2010年提高0.83年。劳动年龄人口中，高中及以上受教育程度的人口达到了3.85亿人，占比为43.79%，比2010年提高了12.8个百分点。二是科技研发人员数量增加。我国研发人员全时当量由2012年的324.7万人年提高到2022年的635.4万人年，稳居世界首位。入选世界高被引科学家数量从2014年的111人次增至2022年的1169人次，排名世界第二，为培育形成新质生产力集聚起磅礴力量。

我国人才体制逐步改革，让人才创新创造活力充分迸发，使各方面人才各得其所、尽展其长。一是人才培养体系。近年来，我国深化人才培养模式改革，大力推动职业教育产教融合、校企合作，鼓励各类人才走进企业工

厂、研究院所，使人才充分掌握产业前沿技术。由此，我国培育了一批具有工匠精神的高素质技术技能人才。二是人才评价体系。我国正在构建以创新价值、能力、贡献为导向的人才评价体系，实行分类评价，避免单一指标对人才发挥创新活力的阻碍。三是人才管理制度。积极为人才"减负松绑"，给予人才充分信任、宽松的成长环境，营造鼓励创新、宽容失败的良好氛围，为人才投身未来产业建设提供广阔空间。

（四）工业体系完备，产业发展力量雄厚

完备的工业体系是培育未来产业的坚实根基。我国拥有全球最完整、规模最大的工业体系和完善的配套能力，积极加强前瞻谋划、政策引导，以传统产业的高端化升级和前沿技术的产业化落地为主线，为强国建设提供有力支撑。传统基础设施建设与新型基础设施建设双管齐下，实现各类基础设施的有机结合与协同联通，有利于现代化产业体系的构建和升级。

产业链配套优势是未来产业发展的根基。我国经济具有产业体系配套完整的供给优势，产业链上下游对接顺畅，推动了各环节协同稳定生产。一是工业部门分类齐全。改革开放以来，我国逐渐建立了较为健全的基础工业体系，已经形成了全球最为齐全的工业门类，拥有41个工业大类、207个中类、666个小类，是全世界唯一拥有联合国产业分类中全部工业门类的国家。二是规模化优势初显。我国在长三角、珠三角、环渤海等地形成了许多具有国际竞争力的专业化产业集群，通过产业集群进一步发挥集聚效应，更快地促进前沿技术向大规模生产阶段转化，有利于增强最终产品的综合竞争力。三是产业链网络韧性加强。近年来，以业务数字化、流程服务化、算法建模场景化为特征的平台化网络组织、智慧供应链不断发展，催生了协同设计、协同制造等新模式，提升了供应链的效率和资源整合能力，能够将新产品快速大规模产业化，并在产业化过程中持续改进工艺、降低成本、

提高性能。

基础设施是为社会生产生活提供支撑和保障的基础性设施系统，我国现代化基础设施体系不断完善。一方面，传统基础设施建设日益完善。截至2023年底，我国公路总里程达到543.7万公里，其中高速公路通车里程18.4万公里，位居世界第一；已建成全球规模最大的电力系统，发电装机规模达到29.2亿千瓦。截至2022年9月，35千伏及以上输电线路长度达到226万公里，建成投运特高压输电通道33条，西电东送规模接近3亿千瓦，发电装机、输电线路、西电东送规模分别比十年前增长1.2倍、0.5倍、1.6倍；油气“全国一张网”初步形成，管网规模超过18万公里，比10年前翻了一番，西北、东北、西南和海上四大油气进口战略通道进一步巩固。另一方面，新型基础设施发展迅速。由信息基础设施、融合基础设施和创新基础设施三方面内容构成的新型基础设施有利于以场景开放为牵引，形成多主体联合创新模式。我国正在布局新一代超算、云计算、人工智能平台、宽带基础网络等信息设施建设，同时布局智能交通物流、智能能源系统、工业物联网等传统基础设施智能化改造，支撑科学研究、技术开发、新产品和新服务研制的公益属性发挥，支撑未来产业迅猛发展。

（五）应用场景牵引，成果转化需求扩大

我国拥有超大规模市场，成果转化需求规模大、潜力足、层次多，有利于以内需拉动增长，充分发挥应用场景丰富的优势，促进前沿技术与实体经济深度融合。

我国拥有超大规模的市场优势和巨大的内需潜力，有利于以应用场景牵引成果转化，精准发力攻关核心技术，打造未来产业发展的策源地。一是市场需求规模庞大。从经济总量看，我国是一个具有14亿多人口规模、120多万亿元国内生产总值的庞大经济体，这些年对世界经济增长平均贡献率超过

30%。从企业规模看，截至2023年底，登记在册经营主体达1.84亿户，同比增长8.9%，为技术成果转化提供了最广泛的需求群体。二是市场发展潜力巨大。目前，我国按照户籍计算的城镇化率还不到50%，居民消费率还不到30%，低于世界平均水平。同时，我国城乡差距、区域差距较大，对多样化应用场景的需求潜力巨大。三是市场需求层次多样。我国是数字化快速转型的国家，数字化将给我国消费增长注入强劲动能，使得我国消费市场将向全领域拓展。多层次的应用场景需求有望催生更多未来产业技术路线，多技术路线同台竞技、不断演进，更具应对技术创新和应用场景不确定性的韧性。

我国逐步推进创新链、产业链、资金链和人才链的深度融合，不断提高科技成果转化和产业化水平，实现供需精准对接，以需求促进未来产业发展。一是成果转化平台快速建设。截至2023年3月底，国家科技管理信息系统已汇交近2万项国家科技计划项目成果；已支持建设国家知识产权和科技成果产权交易机构3家，国家技术转移区域中心12家，国家科技成果转移转化示范区12家，国家技术转移机构420家，国际技术转移中心45家，有效促进了技术要素自由流动和高效配置。二是成果转化融资金额增加。截至2022年底，国家科技成果转化引导基金共批复设立36只子基金，资金总规模达624.30亿元。子基金累计投资了359.55亿元，带动社会同步投资1097.04亿元，投资了616家企业，转化科技成果974项。三是产学研结合紧密化。截至2023年3月底，我国“平台+载体+实验室”的产业创新体系逐步完善，共有11家企业牵头组建了国家技术创新中心；依托科技型企业，共组建了174家国家重点实验室和189家国家工程技术研究中心，与未来产业相关的部分研发机构及其研究方向见表2–3。未来将继续引导行业骨干企业牵头联合高等院校、科研院所等搭建未来产业创新联合体、企业共同体和知识产权联盟，由“产”导“学”，由“学”引“研”，促进成果转化需求的增长。

表2–3　与未来产业相关的部分研发机构及其研究方向

机构名称	研究方向
之江实验室	智能感知、人工智能、智能网络、智能计算、智能系统等
鹏城实验室	以网络通信、网络空间和网络智能为主要研究方向，开展领域内战略性、前瞻性、基础性重大科学问题和关键核心技术研究
姑苏实验室	电子信息材料、能源环境材料、生命健康材料等
紫金山实验室	面向网络通信与安全领域国家重大战略需求，开展前瞻性、基础性研究
北京智源人工智能研究院	勇闯人工智能科技前沿“无人区”，推动人工智能理论、方法、工具、系统和应用取得变革性、颠覆性突破
北京量子信息科学研究院	面向世界量子物理与量子信息科技前沿，力争在理论、材料、器件、通信与计算及精密测量等基础研究方面取得世界级成果
北京脑科学与类脑研究所	重点聚焦脑认知原理解析、脑重大疾病、神经科学新技术、神经计算与神经编解码等四大研究方向
山东未来网络研究院	通信网络、工业互联网、移动通信、人工智能、云计算、大数据、区块链、网络安全和应用平台等

我国市场化、法治化、国际化企业环境持续优化，为未来产业企业壮大提供了良好土壤。一是营商环境优化。据《2022年度中国营商环境研究报告》，超九成受访企业对中国营商环境评价为“满意”及以上水平，社会信用、财税服务、社会法治等领域提升明显，财税扶持进一步向科技创新倾斜，助力科创企业发展。二是市场制度包容。我国不断优化企业发展环境，立足制度设计破除制约企业发展的“玻璃门”，有效降低企业运营的制度性成本。三是各方投资支持。我国多层次的资本市场体系为未来产业企业发展注入动能。政府科技产业类引导基金将发挥财政资金的杠杆效应和导向作用，社会投资将加大对科创企业和未来产业发展的扶持力度，为企业发展提供充足的资金支持。四是市场抢先布局。随着未来产业顶层设计不断优化，我国通信、量子计算、量子信息、人工智能、卫星互联网

等领域企业已开展新一轮战略布局，形成良好的行业示范。

（六）示范行业先行，产业培育经验丰富

改革开放以来，随着科技水平和能力的提升，我国培育了新一代信息技术、人工智能、生物技术、新能源、新材料、高端装备、绿色环保等一批具有国际影响力的战略性新兴产业，成为新的增长引擎。

1. 纵深培育：以新能源汽车产业为例

新能源汽车产业是集成新能源、新材料、新一代信息技术、先进制造等诸多新技术于一体的新产业，是多项新技术的交汇点，符合数字化和绿色化发展方向。我国新能源汽车产业依靠科技创新在全球竞争中形成先发优势，处于领跑位置，改变了传统燃油车产业由国外汽车巨头主导的竞争格局，是形成和塑造未来产业的典范。1992—2022年，我国的新能源汽车经历了培育发展的三个阶段，如表2-4所示。

表2-4　我国新能源汽车产业纵深培育情况

培育阶段	培育经验
第一阶段（1992—2009年）：研发和集成创新	从前期的探索研究到2000年被列入国家“863”计划重大专项，再到“十五”期间确立了“三纵三横”研发布局（“三纵”是指燃料电池汽车、混合动力汽车、纯电动汽车三种整车技术，“三横”是指多能源动力总成系统、驱动电机、动力电池三种关键技术），通过集成创新形成新产品
第二阶段（2009—2013年）：示范工程和产业规划	2009年启动“十城千辆节能与新能源汽车示范推广应用工程”，25个示范城市共推广各类示范车辆27432辆，推动新能源汽车快速进入市场，同时不断提高技术水平。国务院印发了《节能与新能源汽车产业发展规划（2012—2020年）》，为新能源汽车产业有序发展奠定了基础

续表

培育阶段	培育经验
第三阶段（2017年至今）：全面推广和市场化发展阶段	我国相继出台了税收补贴、市场指标、基础设施配套等产业政策，并加大基础设施建设。经过30年的创新培育，我国新能源汽车迎来爆发式增长。据公安部数据，2022年度我国新能源乘用车累计终端销量523.3万辆，同比增长79.8%

2. 横向拓展：以5G通信产业为例

5G通信产业自2015年被提出以来，快速经历了从研发到基站建设、商业应用、工业互联网并进的发展阶段。国家层面有关5G通信行业的政策如表2-5所示。在工业和信息化部“适度超前”的网络建设原则指导下，我国5G网络规模呈现跨越发展。2019年，5G商用牌照发放半年，我国5G基站就超13万个。2020年已开通5G基站超71.8万个。2021年我国5G基站达142.5万个，每万人拥有5G基站数达10.1个，5G移动电话用户达3.55亿户。截至2024年5月底，我国累计建成5G基站达383.7万个，是全球首个基于5G独立组网的国家。

表2-5　我国5G通信产业横向拓展政策

发布时间	政策文件	主要内容
2015年5月	《中国制造2025》	提出全面突破第五代移动通信（5G）技术、核心路由交换技术、超高速大容量智能光传输技术、“未来网络”核心技术和体系架构等发展
2016年7月	《国家信息化发展战略纲要》	到2020年，第五代移动通信（5G）技术研发和标准取得突破性进展
2016年11月	《“十三五”国家战略性新兴产业发展规划》	大力推进第五代移动通信（5G）联合研发、试验和预商用试点。优化国家频谱资源配置，提高频谱利用效率，保障频谱资源供给

续表

发布时间	政策文件	主要内容
2016年12月	《“十三五”国家信息化规划》	适时启动5G商用，支持企业发展面向移动互联网、物联网的5G创新应用，积极拓展5G业务应用领域
2016年12月	《信息通信行业发展规划（2016—2020）年》	支持5G标准研究和技术试验，推进5G频谱规划，启动5G商用。突破5G关键技术和产品，成为5G标准和技术的全球引领者之一

三、我国未来产业发展取得的成绩

（一）基础研究突破为未来产业发展奠定基础

基础研究是科技创新的起点，构成了从理论研究到应用开发，再到产业生产的科研链条的开端。它不仅是技术革新的源头，也是未来产业发展的基石。为夯实科技基础、提升原始创新能力，我国积极探索基础研究资助新机制，并积极引导企业和社会资金流向基础研究领域。得益于这些努力，基础研究的资金支持正在稳步增长。2020年以来，我国基础研究经费投入规模连续保持全球第二位，2023年，我国基础研究经费2212亿元，比上年增长9.3%，占R&D经费支出比重为6.65%，连续5年保持6%以上，极大推动了我国原始创新能力提升。

近年来，我国基础研究实现一系列突破性进展，取得一系列标志性成果。在量子信息方面，中国科学院量子信息与量子科技创新研究院科研团队成功构建量子计算原型机“九章二号”以及“祖冲之二号”，在超导体系方面实现了较强的量子计算优越性，自此我国成为目前唯一在两种物理体系都实现

"量子优越性"的国家。①在6G通信技术领域，我国在全球6G专利排名中以40.3%的占比稳居第一位，远超美国的35.2%占比水平，凸显了我国在通信领域的全球领先地位；中国航天科工集团第二研究院完成国内首次太赫兹轨道角动量的实时无线传输通信实验，可以极大提高宽带利用率并对网络通信的稳定性和安全性帮助很大，为我国6G通信技术的发展提供了重要保障和支撑。在生物医药方面，我国在国际上首次实现淀粉全人工合成，被国内外领域专家认定为"典型的'从0到1'的原创性突破"。在深海航天领域，我国自主研发的面向万米深海应用的高精度温盐深传感仪器（CTD）完成深海比测试验，最大布放深度达7180.4米，性能比肩国际先进水平；中国空间站自2023年开启常态化运营，中国国家太空实验室正式运行，在轨实施了大量空间科学研究与应用项目，涉及空间生命科学与人体研究、微重力物理和空间新技术领域，部分项目已取得阶段性应用成果。

（二）应用技术创新进一步推动未来产业发展

我国科技创新实现新的突破，人工智能、量子技术等前沿领域创新成果不断涌现，进一步激活未来产业新动能。国家知识产权局数据显示，截至2023年底，我国国内（不含港澳台）发明专利拥有量达到401.5万件，同比增长22.4%，成为世界上首个国内有效发明专利数量突破400万件的国家；全年共签订技术合同95万项，技术合同成交金额61476亿元，比上年增长28.6%。

在高端装备研制方面，航空发动机、燃气轮机、第四代核电机组等高端装备研制取得长足进展，截至2023年底，科创板高端装备制造业上市公司

---

① 孙美玉，李雨凌，彭健，等.2023年我国未来产业发展形势展望[J].新经济导刊，2023（2）：67-72.

已超过120家，总市值超1万亿元，涵盖航空航天、新能源车、工业机器人、工业母机、激光加工等多个重要产业链及生产环节，汇聚了各细分领域的龙头企业、“隐形冠军”等。在人工智能方面，机器学习、自然语言处理、计算机视觉等领域不断催生新算法、新模型、新范式，AI框架正向着全场景支持、超大规模AI、安全可信等技术特性深入探索；中国信息通信研究院数据显示，2023年我国人工智能核心产业规模达到5787亿元，相关企业数量达4482家，人工智能产业链已覆盖芯片、算法、数据、平台、应用等上下游关键环节，细分领域不断取得突破。在航空航天方面，北斗系统实现45颗在轨卫星提供服务，定位精度优于5米，向全球用户提供定位导航授时、国际搜救、全球短报文通信服务，应用深度持续增强；我国自主设计生产的C919飞机已投入商业运营，累计飞行小时数和承运旅客数量稳步增长；探月工程嫦娥六号任务于2024年6月顺利完成，实现了月球逆行轨道设计与控制、月背智能快速采样、月背起飞上升等关键技术突破。在生物制造方面，我国通过工程化改造大肠杆菌，使其产生了367.8mg/L的黄芩素，是迄今为止报道的最高产量；基于工程菌与外膜囊泡设计了新型口服肿瘤疫苗；利用电催化结合酿酒酵母发酵，实现了高效地将二氧化碳转化为葡萄糖和脂肪酸；在微生物底盘中实现了甜菊糖稀有组分的定向、高效合成等。

（三）标准和知识产权体系建设进一步完善

2023年，在推动未来产业标准化与知识产权体系建设方面，我国在量子信息、元宇宙和人工智能等领域取得了重要进展。

1. 在标准体系建设方面，标准化与科技创新互动发展不断增强

以2023年为例，我国在北斗导航、载人航天等重点领域开展7项北斗卫星导航标准、14项空间科学标准研制攻关，推进了100余项北斗应用标准研制；在集成电路、清洁能源、生物技术等关键和新兴技术领域开展了200余

项国家标准研制；新增备案行业标准4141项，其中涉及战略性新兴产业标准1902项，占比45.9%；新增公布2.3万多项团体标准，其中涉及战略性新兴产业标准近1.2万项，占比50.3%；新增企业自我声明公开标准54万多项，其中涉及战略性新兴产业标准21万多项，占比38.5%。在量子信息领域，工业和信息化部发布的《量子保密通信网络架构》YD/T 4301—2023、《量子密钥分发（QKD）网络 网络管理技术要求 第1部分：网络管理系统（NMS）功能》YD/T 4302.1—2023、《基于IPSec协议的量子保密通信应用设备技术规范》YD/T 4303—2023三项通信行业标准落地实施。在元宇宙领域，2023年9月，工业和信息化部发布《工业和信息化部元宇宙标准化工作组筹建方案（征求意见稿）》。

2.在知识产权建设方面，聚焦前沿技术领域的知识产权体系更趋健全

2023年9月，国家知识产权局办公室发布《关键数字技术专利分类体系（2023）》，面向国家重大需求，瞄准新兴数字产业和前沿技术领域，重点选取人工智能、高端芯片、量子信息、物联网、区块链、工业互联网和元宇宙等七类关键数字技术，明确技术边界并划分技术分支，构建技术分支与国际专利分类的参照关系，对关键数字技术专利发展状况进行宏观统计监测。2023年10月，国务院办公厅印发《专利转化运用专项行动方案（2023—2025年）》，2023年12月，国务院公布《中华人民共和国专利法实施细则（2023年修订）》，这些重要文件和法规能够助力加快建设知识产权强国、更好服务创新驱动发展。战略性新兴产业创新更加活跃，高价值专利维持年限稳步提高，为未来产业的创新发展提供了有力支撑。截至2023年底，我国国内高价值发明专利拥有量中，属于战略性新兴产业的有效发明专利达到116.6万件，同比增长22.5%，所占比重为70.0%；我国国内高价值发明专利平均维持年限达到8.4年，较“十三五”末提高0.3年，创新主体维持专利有效性的意愿不断增强。

（四）未来产业加速演进形成新质生产力

近年来，党中央、国务院深刻洞察新科技革命和产业变革趋势，前瞻性布局未来产业赛道，一批技术含量高、产业韧性强的新产业崭露头角，竞争力持续提升，是新质生产力最活跃的先导力量。2022年，以物联网、大数据、人工智能为代表的新产业、新业态、新模式等“三新”经济增加值占国内生产总值比重达到17.36%，已成为我国经济发展的重要组成部分，成为新质生产力培育形成的重要载体。

在元宇宙产业领域，在AR/VR、区块链、物联网等数字技术推动下，2023年元宇宙产业呈现高速增长态势。《中国元宇宙发展报告》显示，我国元宇宙上下游产业产值超过4000亿元，并且预测未来五年，国内元宇宙市场规模至少突破2000亿元大关。在航空航天领域，根据美国半导体行业协会（SIA）的数据，2021年我国卫星互联网产业规模约为292.5亿元，预计到2025年将增长至446.92亿元，这一复合增长率达到11.2%；《中国低空经济发展研究报告（2024）》数据显示，2023年我国低空经济规模达到5059.5亿元，增速达33.8%，未来几年，随着低空飞行活动的日益增多，低空基础设施投资拉动成效也将逐步显现，我国低空经济仍将保持快速增长态势。在人工智能产业领域，截至2023年底，我国人工智能核心产业规模接近5800亿元，已经形成了京津冀、长三角、珠三角三大集聚发展区，核心企业数量超过4400家，位居全球第二；到2035年，我国人工智能产业规模预计为1.73万亿元，全球占比达30.6%。在未来材料产业领域，2022年，我国新材料产业总产值约6.8万亿元，较2012年增长了近6倍；新材料领域国家先进制造业产业集群数量累计达到7个，关键材料持续突破；复合材料主结构件应用于“天和号”空间站核心舱；民用大飞机用铝合金薄板、防腐蚀环氧底漆材料等应用于C919大飞机；0.015毫米“手撕钢”实现世界首创；超大型油轮耐蚀钢成功用于30万吨级油轮，我国成为全球第二个掌握该技术的国家。

四、我国未来产业发展面临的困难和挑战

（一）部分核心技术对外依赖

当前，我国核心基础零部件、核心软件、关键基础材料和开发平台等方面对外依赖程度仍较高，不利于我国未来产业实现前沿技术和颠覆性技术创新突破。例如，当前人工智能是全球未来产业布局的重点之一，AI大模型训练效果和推理速度离不开高性能芯片的支撑，而当前我国自研芯片单卡性能与高端进口芯片还有差距，关键原材料的主要供应商集中在美国、日本等国。近年来，美国采取“小院高墙”策略对我国进行技术封锁，联合盟友对我国采取技术出口管制、限制高科技领域投资、阻碍人才交流等手段，随着美国对我国技术封锁升级，我国将面临芯片短缺、核心技术受限等困境，将进一步加大我国未来产业前沿技术创新突破难度。

（二）高端技术人才储备不足

人才是未来产业高质量发展的核心要素之一，我国高精尖技术人才储备不足，难以形成未来产业科技创新的优势。一是前沿科技重点领域人才缺口较大。随着新一代信息技术飞速发展，我国通信、大数据、人工智能等领域人才缺口逐步扩大。以人工智能产业为例，脉脉高聘人才智库发布的《2023泛人工智能人才洞察》报告显示，2023年1—8月，新发AI岗位人才供需比仅为0.39，相当于5个岗位争夺2个人才。二是人才评价和激励保障机制有待健全，创新驱动不足。我国现行人才评价和激励机制以及现有薪酬结构依然多与职务、职称以及一些人才“帽子”挂钩，绩效工资受限于各单位绩效

工资总量限制及分配办法不完善等问题未能充分发挥其对科技人才创新发展的激励作用，且我国在未来产业前沿科技领域的特殊人才选拔与评价机制的灵活度亦显不足。

（三）产业创新生态有待健全

未来产业尚处于产业生命周期的孕育期，具有产业规模小，技术发展高度不确定性等特点；与成熟产业相比，未来产业的创新生态体系尚不完善。一是资本市场对未来产业的支撑不足。未来产业的创新高度依赖产融资本，而我国资本市场“短平快”现象较为普遍，未来产业因尚处于基础研究和原始创新阶段，很难吸引金融资本注入，且当前我国适应未来产业发展的科技创新体系和新型科技金融产品缺乏，难以满足未来产业的资金需求。企业是未来产业发展的基本组成单元，全国工商联对2022年研发投入前1000家民营企业的调查显示，约94%的企业表示新增投资资金主要为自有基金。二是利于未来产业创新发展的体制机制有待健全。以人工智能产业为例，当前我国数据的开放使用和跨境流动相关制度、监管治理体系以及人工智能标准体系的建设等方面滞后于人工智能技术快速迭代的发展需求，不利于我国人工智能企业参与全球产业和技术竞争。

（四）区域布局有待统筹优化

全国各地高度重视未来产业发展，北京、上海、山西、河南、浙江等地率先制定未来产业发展规划，截至2024年4月底，全国共计27个省份围绕量子信息、人工智能、氢能与储能、空天海洋等前沿科技和产业变革领域在省级“十四五”规划或产业专项规划中布局未来产业。部分未来产业领域在地方布局中高度重合，例如，21个省份都将量子信息、量子科技、量子技术作为未来产业发展的主要方向，20个省份布局新材料领域，16个省份强化对人工智能产业布局（见表2–6）。然而，某些地市并不具备量子产业、建设大型算力中心的资源基础。地方布局未来产业“扎堆”苗头，可能会导致过度重复建设，引发各地区各部门无序竞争、资源浪费等问题。

表2–6　各地有关未来产业的部署情况

地区	未来产业的部署
北京	量子信息、新材料、人工智能、卫星互联网、机器人、先进通信网络、虚拟现实、创新药、集成电路、智能网联汽车、航空航天、氢能、区块链与先进计算等
天津	量子材料、先进材料、新一代信息技术、生物医药、新能源、智能装备、智能网联车、航空航天等
河北	区块链、太赫兹、智能传感器、量子通信、半导体器件、人工智能、现代通信、生物医药、高效光伏设备、高效储能技术及装备、氢能、新材料等
山西	量子通信卫星、数字货币、6G天线、信息技术应用创新、大数据融合创新、碳基新材料、特种金属材料、半导体、先进功能材料、新能源、先进轨道交通、智能网联新能源汽车、云计算与工业互联网、核能、氢能、电子信息装备、航空航天、区块链、人工智能、数字孪生与虚拟现实、智能传感及物联网等
内蒙古	以智能经济为代表
辽宁	类脑智能、量子信息、基因技术、未来网络、深海空天开发技术、氢能与储能、增材制造、柔性电子、第三代半导体、石墨烯、机器人及智能装备、健康医疗装备、先进轨道交通装备等
吉林	新型显示材料、激光通信、人工智能、激光雷达、新一代通信芯片、量子技术等
黑龙江	石墨及深加工、机器人及智能装备、生物医药、人工智能、工业互联网、大数据、半导体材料及新型电子元器件、高储能电池、区块链等
上海	第六代通信、下一代光子器件、脑机融合、氢能源、干细胞与再生医学、合成生物学、新型海洋经济、集成电路、生物医药、人工智能、空天海洋、新材料等
江苏	第三代半导体、基因技术、空天与海洋开发、量子科技、氢能与储能、大数据云计算、人工智能、区块链等

续表

地区	未来产业的部署
浙江	第三代半导体、类脑芯片、柔性电子、量子信息、物联网、新一代信息技术、生物医药、新材料等
安徽	量子科技、生物制造、先进核能、新材料、航空航天、类脑智能等
福建	人工智能、区块链、泛物联网、量子科技、类脑科学、柔性电子、高效储能、无人驾驶等
江西	柔性电子、微纳光学、氢能等新能源装备、生物技术和生命科学、航空、电子信息、装备制造、中医药、光伏、锂电池、新材料等
山东	氢能与储能、量子信息、类脑智能、基因技术、深海极地、空天信息、极端环境新材料、未来网络、云计算、人工智能、区块链、机器人、新能源汽车等
河南	北斗应用、量子信息、区块链、生命健康、前沿新材料、工业互联网、集成电路、先进计算、大数据、人工智能等
湖北	未来网络、量子信息、生命健康、生物育种、前沿材料、空天科技、海洋科技、新一代信息技术、高端装备、新能源与智能网联汽车等
湖南	量子信息、6G技术、类脑智能、氢能核能利用、合成生物、低维材料、超材料、深海深地深空等
广东	区块链、量子通信、人工智能、信息光子、太赫兹、新材料、生命健康、半导体及集成电路、高端装备制造、智能机器人、区块链与量子信息、前沿新材料、新能源、激光与增材制造等
广西	生物工程、第三代半导体、人工智能、量子信息、氢能与储能、新一代信息技术、新能源汽车、高端装备制造、生物医药、新材料等
海南	南繁产业、深海产业、航天产业、数字经济、石油化工新材料、现代生物医药
重庆	集成电路、新型智能终端、生物医药、先进材料、卫星互联网、氢能与储能、生物育种与生物制造、脑科学与类脑智能等
四川	人工智能、精准医疗、前沿新材料、核技术应用、高性能机器人、高端航空航天装备、氢能及燃料电池、量子科技、区块链、大数据、云计算、物联网等
贵州	大数据电子信息、先进装备制造、新能源汽车及新能源电池等

续表

地区	未来产业的部署
云南	人工智能、量子通信、卫星应用、生物技术、新材料、生物医药、先进装备制造、电子信息制造、生命科学、前沿材料、智能高端装备制造
西藏	—
陕西	人工智能、氢能、未来通信技术、北斗导航、生命健康、云计算与大数据、物联网、增材制造、光子、量子信息、空天信息等
甘肃	大健康产业、石墨烯产业、高分卫星、北斗导航、量子通信、电子及芯片封测、装备制造、新材料、信息化及人工智能、生物制品与医药等
青海	—
宁夏	—
新疆	—

数据来源：各省区市“十四五”规划、未来产业发展规划。

第三章　我国未来产业的地方实践

从地域视角审视，我国未来产业发展在各地间展现出较大差异性。尽管多数省市已将未来产业纳入“十四五”规划，但因经济发展程度、工业基础及科研创新支撑能力的差异，产业发展水平参差不齐。本章聚焦宏观政策部署、未来产业规划亮点、未来产业集群构建及成功案例分析四个关键维度，精选了北京、上海、浙江、广东、江苏、安徽六个省市对其未来产业布局和发展情况进行深入剖析。这些地区在未来产业领域展现出政策规划清晰前瞻、科研实力雄厚、产业集群化发展成熟且依据各自优势确立了核心发展领域等较为鲜明的特色。不仅展示了自身在创新驱动、产业升级方面的独特路径，还通过实践探索出了一系列可借鉴的发展模式。通过对这六个省市未来产业布局的研究分析，为其他省市未来产业发展提供借鉴参考。

一、北京

北京市是国内较早一批布局未来产业的城市之一。2019年7月，北京市教委印发《北京促进人工智能与教育融合发展行动计划》，从教育入手，提出推动基础教育阶段人工智能素养教育，加强人工智能与教育融合基础条件建设。2021年8月，北京市政府发布《北京市“十四五”时期高精尖产业发展规划》，首次在“十四五”规划中明确提出布局发展未来产业，积极培育形成两个国际引领支柱产业、四个特色优势的“北京智造”产业、四个创新链接的“北京服务”产业以及一批未来前沿产业，打造面向未来的高精尖产业体系。2021年7月，北京市委办公厅、市政府办公厅印发《北京市关于加快建设全球数字经济标杆城市的实施方案》，目标是通过5~10年的接续努力，打造引领全球数字经济发展的“六个高地”，到2030年，建设成为全球数字经济标杆城市。随后，北京市在数字经济、软件和信息服务业、机器人等产业陆续发布发展行动方案。2023年9月，北京市政府办公厅发布《北京市促进未来产业创新发展实施方案》，明确了面向未来信息、未来健康、未来制造、未来能源、未来材料和未来空间六大领域，打造未来产业策源高地，推进开展原创突破、孵化加速、产业梯度共进、创新伙伴协同、应用场景建设、科技金融赋能、创新人才聚集和国际交流合作八大行动，构建未来产业创新发展生态。

（一）北京未来产业发展现状

经过近年来的持续深耕，北京市未来产业发展成果显著，创新驱动发展战略得到深入实施，科技创新力量全方位强化，现代化产业体系也在加快构建中。

1.产业发展成果方面

“十四五”时期，北京市积极培育形成两个国际引领支柱产业、四个特色优势的“北京智造”产业、四个创新链接的“北京服务”产业以及一批未来前沿产业，构建“2441”高精尖产业体系。2023年，北京高精尖产业全部突破千亿级，新一代信息技术集群产值突破三万亿元，智能制造装备产业集群突破五千亿元。实施“光网之都，万兆之城”行动计划，新建5G基站3万个，每万人拥有5G基站数达49个、位居全国第一，新增千兆固网用户94.3

万户、累计288.7万户，编制算力基础设施实施方案、算力供给规模1.2万P以上。全球性能领先的区块链与隐私计算算力集群Hive“蜂巢”启用，工业互联网标识解析国家顶级节点（北京）累计标识注册量1262亿个。智慧城市建设扎实推进，聚焦民生服务、城市治理等领域发布智慧城市场景创新需求37项。

2.产业分布方面

各区分别确立了各自的重点发展领域。海淀区重点关注人工智能、机器人、先进计算等部门，持续支持本市新型研发机构，聚焦大模型、类脑智能、具身智能、价值与因果驱动的通用智能体等方向开展研究，产出悟道大模型、通用智能体平台等多项重大原创成果，推出紫东太初、文心一言、ChatGLM、CPM、孟子等大模型产品，并具备商业化落地能力。空间布局上，海淀区目前拥有包括中关村（首钢）人工智能创新应用产业园、中关村科技园等在内的多个产业聚集区，并充分发挥区内高校云集的优势，科研力量雄厚。北京经济技术开发区（以下简称经开区）立足机器人、智能制造与装备、医药健康等产业，在类人机器人领域，经开区目前聚集机器人企业110家，形成覆盖核心零部件、整机到应用的机器人全产业链体系。2023年11月，经开区成立了国内首家省级人形机器人创新中心，由机器人整机、核心零部件、大模型等企业共同组建，瞄准国际前沿，将构建人形机器人全栈技术生态。在生物技术和医疗健康领域，经开区着力构建以医药健康产业普适性政策为主的“1+N”政策体系，力争在新型疫苗、下一代抗体药物、细胞和基因治疗等方面构筑领先优势。此外，其他各区也分别瞄准一批未来前沿产业，为高精尖产业体系发展培育后备梯队。

3.产业体系建设方面

作为北京加强全国科技创新中心建设的主平台，“三城一区”发展稳步推进。怀柔区仪器装备产业集群入选国家级中小企业特色产业集群。昌平区未来科学城建立双碳技术转移转化研究院，昌平新型储能产业示范区揭牌。经开区和昌平区“一南一北”两个机器人产业园落地。中关村24条先行先试改革政策在示范区全域推广，科创金融改革试验区获批并出台建设实施方案。2023年北京市累计组建24个创新联合体，认定外资研发中心107家、专精特新中小企业7180家，拥有独角兽企业114家，成功申办国际科技园协会（IASP）2025年世界大会，全国首个国际科技组织总部集聚区在京落户。

（二）北京未来产业重点布局领域与典型发展案例

1.北京发展未来产业重点布局的领域和区域

北京市在“十四五”时期高精尖产业发展规划中明确提出，要把新一代信息技术和医药健康积极培育为国际引领支柱产业。新一代信息技术与医药健康是支撑北京产业发展的“双发动机”，在2023年发布的《北京市促进未来产业创新发展实施方案》中，锁定的近半数未来产业都来自信息和健康领域。

在信息技术领域，北京市重点布局海淀区、朝阳区与经开区，发展通用人工智能、第六代移动通信（6G）、元宇宙、量子信息、光电子等细分产业，力争到2025年新一代信息技术产业实现营业收入2.5万亿元。在6G技术方面，将开展网络架构等关键核心技术攻关，打造网络与应用融合试验平台，前瞻探索布局典型应用场景。在元宇宙产业方面，将聚焦突破高性能算力芯片、虚拟现实操作系统等前沿底层技术，推进元宇宙关键技术在智慧城市、影视娱乐、数字创意等领域的创新应用。

在医药健康领域，北京市重点布局海淀、昌平、大兴、经开区等地区，关注基因技术、细胞治疗与再生医学、脑科学与脑机接口、合成生物等细分产业，目标是到2025年医药健康产业实现营业收入1万亿元，其中医药制造达到4000亿元。

2.北京未来产业典型发展案例

中关村作为我国科技创新的重要阵地，近年来始终扮演着服务国家战略的“先行者”、科技体制改革的“试验田”、高质量发展的“策源地”，为在全国实施创新驱动发展战略起到了重要的示范引领作用。2023年中关村各分园规模以上企业总收入达到8.7万亿元，占全国178家高新区的1/6。在未来产业领域，中关村同样发挥着领军作用。

中关村在高新技术方面遥遥领先，拥有多个国家重点实验室与研发机构，区域内国家高新技术企业达1.96万余家。2022年11月，科技部联合教育部发布未来产业科技园建设试点及培育名单，北京市共有两个产业科技园入选名单，均为中关村科技园区管理委员会联合其他高校或高教园区共同建设。在未来产业细分领域，中关村积极推动产业园建设，鼓励科技企业进行核心技术研究，在人工智能、量子信息、卫星互联网、机器人等产业培养出一大批新型研发机构，如北京智源人工智能研究院、北京量子信息科学研究院、北京脑科学与类脑研究中心等。

中关村利用其在科技创新领域的中心地位，由技术中心逐步扩展为科技交流中心，汇集了来自全球的科学家、企业家与创新创业者共同探讨全球前沿科技。以中关村论坛为例，创办于2007年的中关村论坛以“创新与发展”为永久主题，已成为全球性、综合性、开放性的科技创新高端国际论坛，是我国面向全球高科技创新交流合作的国家级平台。2023年的中关村论坛吸引了来自全球86个国家和地区的5000余名代表以及200余家外国组织和机构参会。此外，中关村论坛也是我国向世界展示科技成果的重要平台，在2023年的中关村论坛上，我国发布了包括通用视觉大模型SegGPT、30微米厚度柔性可折叠玻璃、钠离子电池、新一代人造太阳等在内的20项重大科技成果，反映出我国近年来科技创新能力的不断提升。

中关村在突破未来产业关键技术的同时，充分发挥自身技术优势，联合其他区域打造产业集群。中关村率先开辟量子、6G等未来产业新赛道，加快建设中关村合成生物制造等产业集聚区，支持领军企业牵头组建创新联合体，确立了“一区多园”的发展格局，形成了一批具有技术主导权的产业集群。2019年，中关村科技园区管理委员会与首钢集团合作共建中关村（首钢）人工智能创新应用产业园，该产业园也是全球面积最大的人工智能创新应用产业园，为北京市人工智能等高精尖产业聚集发展加速助力。2023年8月，北京市设立雄安新区中关村科技园，半年多时间内对接企业三千余家，汇集了来自人工智能、空天信息、生物科技、智能硬件等未来产业前沿领域的70家企业。

二、上海

上海市未来产业布局起步较早，在技术研发转化、产业集群建设、产业长远发展方向等方面均有相关政策文件提供指引。2021年，上海市政府发布《上海市战略性新兴产业和先导产业发展“十四五”规划》，对进一步发展未来产业提出战略布局，目标是到2025年初步建成带动长三角新兴产业协同发展的技术策源地，将战略性新兴产业发展成为现代产业体系的新支柱。2022年，上海市政府印发《上海打造未来产业创新高地发展壮大未来产业集群行动方案》，提出到2030年，在未来健康、未来智能、未来能源、未来空间、未来材料等领域涌现一批具有世界影响力的硬核成果、创新企业和领军人才，未来产业产值达到约5000亿元，到2035年形成若干领跑全球的前沿产业集群。2023年，上海市政府发布《上海市推动制造业高质量发展三年行动计划（2023—2025年）》，提出在巩固提升重点优势产业的同时布局新赛道和未来产业，打造世界级产业集群。2024年3月，上海市经济和信息化委员会组织开展2024年度上海市未来产业试验场“揭榜挂帅”工作，重点聚焦核心基础、重点产品、公共支撑、示范应用等任务，发掘一批掌握关键核心技术、具备较强创新能力的优势单位，加速新技术、新产品落地应用。

（一）上海市未来产业发展现状

经过多年发展，在三大“先导产业”与产业先导区的带动下，上海市未来产业成果显著。

1.研发力量方面

目前上海拥有3家国家级实验室、2家国家级实验室基地，以及40余家全国重点实验室。在2022年科技部联合教育部发布的未来产业科技园建设试点清单中，上海市共有两家科技园入选名单。研发投入上，2023年上海市全社会研发经费支出达2100亿元左右，相当于全市生产总值的4.4%左右。研发成果上，在大型科学设施领域，上海光源二期、软X射线自由电子激光装置等工程投入运行，未来车脑芯片、人类表型组二期等科技重大专项启动实施；在基础前沿领域，2021年上海市科学技术委员会发起“探索者计划”，引导高校、科研院所与企业合作开展应用基础研究，提升自主创新能力，从2023年起，上海市还与国家自然科学基金委联合设立区域创新发展联合基金，进一步提升基础研究和应用基础研究水平；在关键技术领域，上海市加快攻关脚步，开展半导体设备、关键原材料、创新药械、智能船舶、海洋工程装备、新能源汽车等领域技术攻关与应用示范。

2.产业体系方面

上海市实施四大新赛道和五大未来产业行动方案，制定实施元宇宙、区块链、计算生物学、智能机器人、基因治疗、合成生物学、高温超导等创新发展专项行动方案。发布实施新一轮新型基础设施建设行动方案，启动实施瑞金医院“未来医院”、医疗大数据训练设施、智能工厂等一批重大示范工程项目。

（二）上海市未来产业重点发展产业及布局

集成电路、生物医药、人工智能是上海市三大先导产业。上海市在2021年发布的《上海市先进制造业发展“十四五”规划》中明确提出以三大先导产业为引领，打造具有国际竞争力的高端产业集群。2023年三大先导产业规模达到1.6万亿元，工业战略性新兴产业总产值占规模以上工业总产值比重达到43.9%，其中新能源汽车、新能源、高端装备行业产值分别比上年增长32.1%、21.3%和4.8%。全市日均新设企业1904家，每千人企业数量增加到116.8家，位居全国第一。上海市目前拥有国家级企业技术中心107家，有效期内高新技术企业超2.4万家，国家级中小企业特色产业集群4个。

集成电路产业目前已在闵行莘庄、浦东新区等地区形成集群发展态势，产业覆盖设计、制造、封装测试等各个环节。2023年浦东新区集成电路产业规模近2500亿元，占上海全市比重超3/4。在生物医药领域，2023年上海市共有4款一类国产创新药、9个三类创新医疗器械获批上市。2023年10月，上海国际生物医药产业周举办，吸引包括领域内百余位专家、企业家等在内的全球优势资源汇聚上海。在人工智能领域，2023年上海市共有17款人工智能大模型通过国家备案，上海数据交易所首个国际数据交易链于2023年11月上线。2023年7月，上海市举办第六届世界人工智能大会，共有来自全球的400余家企业参展，首发首展新品超过30款，涵盖大模型、芯片、机器人、智能驾驶等领域；共有32个重大产业项目完成签约，交易额达288亿元。

（三）上海市未来产业重点发展地区

为更好着力于未来产业发展，构建良好的产业创新生态和公共服务平台，上海市于2023年3月宣布建设3家市级未来产业先导区，分别为张江未来产业先导区、临港未来产业先导区和大零号湾未来产业先导区。未来产业先导区成立一年来，上海市积极争取重大政策、项目，推动未来产业细分领域发展，在合成生物、商业航天、AI大模型、基因和细胞治疗等细分产业发布行动方案，先导区内多家企业发展迅猛。

张江未来产业先导区（以下简称张江）重点发展医药健康产业，为企业提供从孵化、加速到产业化的全生命周期服务。目前全国已获批的细胞与基因疗法注册性临床试验项目中，张江占全国的四分之一。张江还率先推出我国首款和第二款CAR-T细胞药物，引领细胞治疗领域的前沿探索。在入驻企业方面，和记黄埔医药（上海）有限公司、上海君实生物医药科技股份有限公司、上海奥浦迈生物科技股份有限公司等知名医药企业纷纷在张江落地产业化项目，产能规模不断扩大，上海瑞柯恩激光技术有限公司等一批本土创新企业也在此逐步发展壮大。制度改革上，张江率先进行了药品上市许可持有人制度以及特殊物品入境便利化改革，目前正积极探索生物医药分段生产试点，为培育新质生产力提供更为开放便利的发展环境。

临港未来产业先导区（以下简称临港）关注未来能源、机器人、智能算力等产业，2023年临港落地前沿产业招商项目109个，投资额达1007.6亿元。在未来能源领域，特斯拉储能计划于2024年年内完成试投产，达产规模近40吉瓦时，临港将围绕该计划强链补链，提升储能产业集聚度。机器人产业上，临港聚焦通用机器人、工业机器人、服务机器人等赛道，引进智元人形机器人、中车艾森迪水下机器人等项目。在智能算力领域，临港已引进包括商汤科技、中国移动、有孚等在内的多个智算中心，总算力超过3EFLOPS，智能算力占比近80%。

大零号湾未来产业先导区（以下简称大零号湾）重点聚焦人工智能、量子科技、空天资源等产业。其中在空天资源领域，落户大零号湾的上海沃兰特航空技术有限责任公司在研机型VE25X1，已于2023年9月获得客运载人合格证受理，这也是中国民航局华东地区管理局受理的首个客运载人电动垂直起降飞行器项目。值得一提的是，大零号湾先导区与众多高校合作密切，2023年区内共有72个高校成果转化项目落地，甚磁科技（上海）有限公司、上海翌曦科技发展有限公司等60余家成果转化企业完成融资超50亿元，累计估值亿元以上企业112家，其中30家企业市场估值超10亿元。

三、浙江

2021年7月，浙江省政府发布《浙江省全球先进制造业基地建设“十四五”规划》，首次在“十四五”规划中提出要谋划布局未来产业，重点发展新一代信息技术、生物医药、新材料等新兴产业。2022年1月，浙江省数字经济发展领导小组办公室印发《关于浙江省未来产业先导区建设的指导意见》，对未来产业先导区建设工作进行布局，以未来技术应用和产业化为目标，构建创新资源持续汇聚、创新成果高效转化、产业生态迭代完善的高端产业集聚发展平台，引领新一轮科技革命和产业变革。2023年1月，浙江省政府印发《浙江省“415X”先进制造业集群建设行动方案（2023—2027年）》，提出加快构建先进制造业集群体系，“浙江制造”高端化智能化绿色化国际化水平持续领跑全国。2023年2月，浙江省政府办公厅发布《关于培育发展未来产业的指导意见》，提出优先发展未来网络、元宇宙、空天信息、仿生机器人等产业，明确要形成一批具有全球竞争力的创新成果，打造未来产业国际公共专利池，培育具有全球影响力的未来产业“链主”企业。

省内主要城市抢先布局一批未来产业，发展重点也在“十四五”规划中得到体现。杭州市在《杭州市高新技术产业发展“十四五”规划》中提出，要显著增强人工智能、先进制造高端装备、生物技术与精准医疗等产业在国内高新技术产业中的地位。宁波市在《宁波市制造业高质量发展“十四五”规划》中提出，要重点布局人工智能、深海空天信息、氢能与储能、区块链等未来产业，抢占发展制高点。台州市在《台州市制造业高质量发展“十四五”规划》中提出，要抢抓“风口”，紧盯数字经济、生命健康、战略新材料等领域科技前沿，孵化培育一批“新星”产业群，积极争创未来产业先导区。

（一）浙江未来产业发展现状

在“415X”先进制造业集群建设行动方案的指导下，2023年浙江省制造业集群规模以上企业营业收入达8.64万亿元，为全省贡献九成工业增量和八成投资增量；布局省级特色产业集群核心区35个、协同区53个；新增雄鹰企业68家、国家级专精特新“小巨人”企业384家。

在技术研发方面，截至2024年3月，浙江省首批8个省级未来产业先导区共实施技术攻关项目近200项、累计形成发明专利1800多项，聚集核心企业250多家，实施产业化项目140多项，预计新增产值超120亿元；全省规模以上工业企业数字化改造覆盖率达75%以上。2023年全省有研发费用的规模以上工业企业4.6万家，占比达80.8%，实现新产品产值4.6万亿元。

（二）浙江未来产业发展特点

1.推动科技创新，探索前沿领域

浙江省放眼颠覆性、前沿性技术，借助强有力制造业提供的广阔市场，不断探索具备发展优势、符合产业升级方向的未来产业先进技术。截至2023年底，浙江省共有高新技术企业42011家，规模以上工业中，高新技术产业、战略性新兴产业增加值占规模以上工业增加值的比重分别为67.1%和33.3%。以坐落于杭州的之江实验室为例，其作为我国未来产业重要的研发阵地，全力聚焦智能计算主攻方向，不断激发智能计算对产业变革的跨越式推动作用，引领产业创新，塑造发展新优势。在2023年11月举行的世界互联网大会上，之江实验室展出了其研发的射频相场望远镜核心单元。2024年2月初，之江实验室自主研发的“极光1000-慧眼”星载智能计算机跟随卫星上天，可以在天上直接进行“云判”、压缩以及目标识别等操作。

此外，在许多未来产业的前沿领域，部分浙江企业已处于国内甚至国际领先位置。在AR眼镜赛道上，杭州灵伴科技公司瞄准轻量化路线，2022年自主研发“Rokid Air”消费级眼镜，卖出6万台，打破全球消费级AR眼镜出货纪录；公司目前推出的新一代产品只有76克，重量不到苹果公司同类设备的1/6，具备空间定位和手势操作能力，可以用来导览、观影、游戏、办公。在低空轨道卫星领域，吉利控股集团成立浙江时空道宇科技有限公司，建设了我国首个具备完整配套能力的商业卫星超级工厂，不仅可实现年产卫星500颗，且生产成本较传统卫星下降45%左右，全球组网能力更可与世界顶尖水平一较高下。在生物医药产业，贝达药业股份有限公司在2023年实现一年间共两款新药获批上市，其中伏美纳还成为我国首个用于治疗肾细胞癌的国产1类靶向新药。

2.把握制造业优势，带动产业升级

作为传统制造业大省，浙江近年来正努力顺应新一轮科技革命和产业变革趋势，加快推动制造业产业体系向数字化、智能化转型。浙江省将未来产业发展与制造业转型结合，以技术升级迭代助推产业升级，提升生产组织模式与效率。以机械动力产业为例，位于杭州的浙江春风动力股份有限公司是我国国宾护卫专用摩托车的指定生产商，该企业目前已布局包括泰国、墨西哥等在内的六大生产基地，产品远销100多个国家和地区。为适应庞大的产供销计划，公司利用工业物联网、智能建模、大数据挖掘及分析等关键前沿技术，并应用到生产工艺改造、产品智能化开发、数据安全管理等生产流程；同时新开发、升级数字化生产管理系统，通过管控决策智慧化快速提升内外部运营效率。本土车企吉利汽车集团有限公司于2021年进军新能源汽车产业，发布高端智能电动车“极氪”，并专门组建软件团队，力求在软件定义汽车领域走在工业最前沿。在宁波的极氪智慧工厂中，703台柔性机器人可100%同步完成自动焊接操作；引入5G技术的总装车间能够通过应用VR眼镜实现设备远程维修、智能巡检；在产品端，智能驾驶系统以及车窗成像、智能泊车等“黑科技”也逐渐与其研发的新能源汽车进一步融合。

此外，许多具有悠久历史的产业也在与新技术的结合中焕发出新活力。2023年12月，位于浙江绍兴的我国最大黄酒智能化生产基地古越龙山黄酒产业园正式酿造投产，该基地颠覆以往传统手工酿酒的模式，依靠纵横交织的管道串联起复杂的工艺流程和庞大的生产设备，能够突破季节限制随时进行酿酒流程。在传统茶业，位于杭州的西湖龙井产区引入采茶机器人，通过AI视觉识别、机械臂等技术探索智能化采茶应用；在丝绸行业，杭州万事利丝绸文化股份有限公司建立AIGC实验室，自建有50多万个花型数据库，并集成了超300种算法组成的AI图像算法矩阵，可实现10的27次方种创意表达，相当于可以为全世界80亿人每人设计10万条不重样的丝巾。

3.聚焦不同赛道，多点共同“开花”

浙江省以集中度高、专业化强的“块状经济”而闻名，对于未来产业，各地区也根据发展基础，因地制宜培育新质生产力。杭州未来科技城锚定未来网络、人工智能、空地一体三大产业，前瞻布局脑科学与类脑智能、量子信息等高潜力产业。2023年辖区数字经济核心产业增加值超1900亿元，约占全省的1/5，并在网络通信、高端软件、云计算等领域集聚了一批龙头企业。2024年1月，浙江大学与余杭区共建的脑机交叉研究院落户未来科技城，研究院聚焦脑机领域的技术研发与创新，也致力于通过转移转化引领脑机产业发展。在智能汽车产业，宁波前湾新区聚集了100余家汽车制造产业链上下游企业，实现从设计到生产、检测、销售的全产业生态链高效运转。2023年，前湾新区智能汽车产业平台实现规模以上工业产值1241亿元。台州临港产业带围绕精密制造、新能源、新医药健康等产业，大力推动产业集群建设。2023年，台州共创立两个国家级中小企业特色产业集群，温岭市、玉环市分别入选浙江省特色产业集群“机器人与数控机床集群”核心区、协同区，精密制造产业链实现规模以上工业产值454.47亿元，同比增长2.75%。在新能源产业方面，台州目前已初步形成“三基地、四张网”的能源发展格局，拥有晶科、比亚迪、南洋科技等新能源电池配套企业，规模以上企业30多家，成为新的百亿级产业。

四、广东

广东省在未来产业方面一直处于政策编制与技术探索的最前沿。早在2013年，深圳市政府就发布了《深圳市未来产业发展政策》，提出积极培育和发展生命健康、海洋、航空航天等未来产业，构建以“高、新、软、优”为特征的现代产业体系，深圳市也是我国最早部署未来产业的城市。2022年，深圳市又接连发布《深圳市人民政府关于发展壮大战略性新兴产业集群和培育发展未来产业的意见》《深圳市培育发展未来产业行动计划（2022—2025年）》，坚持把创新作为城市发展主导战略，推动构建面向未来的现代产业体系。

省级层面上，2020年，《广东省人民政府关于培育发展战略性支柱产业集群和战略性新兴产业集群的意见》正式印发，聚焦半导体与集成电路、高端装备制造、智能机器人等在内的10项新兴产业，目标是培育若干具有全球竞争力的产业集群。2021年，广东省政府发布《广东省制造业高质量发展“十四五”规划》，其中将谋划发展未来产业，抢占制造业未来发展战略制高点作为“十四五”时期的发展重点方向。2024年2月，广东省科学技术厅等四部门发布《广东省培育未来材料产业集群行动计划》，强调加强产业技术源头创新，推动产业人才培养与国际交流，目标是使未来材料产业体系成为支撑引领广东省经济社会发展的新质生产力。

（一）广东未来产业发展特点

1.发展基础坚实

广东是我国经济第一大省，同时也是全球重要的制造业基地，有着良好的未来产业发展基础。2023年广东省规模以上制造业企业营业收入达17万亿元，制造业增加值占GDP比重达32.7%。2024年1—7月，广东省规模以上制造业增加值同比增长5.7%，发展态势良好。

广东省充分利用省内有多家大型企业的优势，在产业数字化、智能化转型方面走在全国前列。例如，华为凭借先进的大数据云计算与人工智能技术，为众多企业提供智能化生产和精细化管理方案，提升企业数字化核心竞争力。2022年6月，广州数字科技集团与广电研究院联合华为共建广州人工智能公共算力中心，华为将在产业聚合方面为初创企业提供扶植，为产业活动组织提供支撑。2023年12月，美的净饮数字工厂与华为达成技术合作，实现从生产现场到云端管控的全流程数据互联互通，大幅提升其在智能制造领域的竞争力。广汽本田也携手华为对其黄埔工厂园区进行智能化升级，为品牌新能源汽车数字化生产提质增效。通过华为“5G+Wi-Fi6”方案，黄埔工厂已经实现自动导引车（AGV）零部件物流配送与上行5G超宽高速接入，形成全无线的生产和办公网络。同时，广汽本田还与华为共同打造出“小行星架构+光电混合缆”明星产品，合力攻克室外停车场等场景下的无线网络覆盖难题，为绿色低碳、智能高效的万兆新能源工厂注入发展动力。

2.科研力量雄厚

广东省始终坚持推进科技创新强省、人才强省建设，多年来无论是资金投入、人才培养还是成果产出都在国内处于领先位置。2023年，广东省全省研发经费支出约4600亿元，占地区生产总值比重达3.39%；工业投资连续36个月保持两位数增长，其中大量资金投向技术改革，同比增长22.4%。2023年广州市高新技术企业、科技型中小企业分别增至1.3万家和2.1万家，入选全球独角兽企业22家，增长量位居全国第一。广州市在“自然指数—科研城市”榜单中排名全球第八，人工智能公共算力中心获批首批国家新一代人工智能公共算力开放创新平台。在科研成果方面，2023年广东省研发人员数量、高价值发明专利拥有量、PCT国际专利申请量等几项指标均居全国首位；人类细胞谱系、先进阿秒激光、冷泉生态系统等重大科技基础设施获批立项，在高端芯片、高端核磁共振设备、高端手术机器人等领域打破国外技术垄断；省内28所高校的220个学科入围ESI（基本科学指标数据库）全球排名前1%。

实验室建设也是考察科研力量的一项重要指标，反映了一省探索前沿技术的能力。广东省目前拥有包括鹏城实验室、广州国家实验室等在内的15家全国重点实验室。以鹏城实验室为例，该实验室聚焦宽带通信、新型网络、网络智能领域，建成了以“鹏城云脑”“鹏城靶场”为代表的若干重大科技基础设施与平台，发布了“丝路”多语言机器翻译平台、“鹏城·盘古”中文预训练语言模型等一系列重大应用。2023年9月，由鹏城实验室牵头，联合北京邮电大学、电子科技大学、华中科技大学等单位共同构建的“面向6G无线高速接入原型系统及测试环境（EAGLE 6G）”取得阶段性进展，无线测试速率进一步提升至800Gbps，再次刷新业界纪录，标志着我国在6G领域再次走在世界前列。

3. 平台建设完备

广东省在未来产业发展载体与平台建设方面较为成熟，能够为推动技术落地提供强有力支撑。位于深圳的光明科学城围绕信息、生命、新材料三大学科领域前沿方向，拥有包括鹏城云脑三期、国家超级计算深圳中心二期、脑解析与脑模拟、合成生物研究等在内的重大科技基础设施和科研平台，承载着综合性国家科学中心的先行兵的重要作用。在生物医药领域，广州国际生物岛的生物医药与新型移动出行未来产业科技园入选2022年首批10家未来产业科技园建设试点名单。该产业园重点围绕生物医药与新型移动出行两个未来产业领域，实行“政府引导+科技园牵头+领军企业+社会资本”的多元化管理体制，培育孵化出一批细分领域的高新技术企业。在人形机器人领域，2023年5月，超级机器人研究院落地广州黄埔，研究院广泛吸纳计算机、材料学等学科师资生源，为跨学科交叉合作搭台，并在主导高校华南理工大学与产业界间搭建桥梁。

（二）广东未来产业重点发展领域

2023年5月，广东省制造强省建设领导小组明确由省发展改革委、科技厅、工业和信息化厅几大部门分别牵头编制五大未来产业集群行动计划，积极谋划构建广东省多元未来产业发展矩阵。2024年2月，广东省工业和信息化厅联合省科技厅等部门举行五大未来产业新闻发布会，正式宣布未来电子信息、未来智能装备、未来生命健康、未来材料、未来绿色低碳五大产业集群将成为广东省今后十年内未来产业重点发展方向。之所以选定这五大产业，主要是出于战略意义以及发展基础的考量，例如，在未来电子信息方面，广东省电子信息产业规模已连续32年位居全国首位，手机、彩电、无人机等电子信息产品产量均位列全国第一，是我国最大的电子信息产品生产制造基地、全球最重要的电子信息产业集聚区；在未来智能装备方面，广东省在数控系统、导轨、电主轴等技术环节均处于国内领先水平；在未来材料方面，广东省材料产业整体发展水平也处于国内第一梯队。

具体到每个产业的发展目标，对于未来电子信息产业，广东省计划到2025年人工智能核心产业规模突破3000亿元，到2030年在新一代网络通信、人工智能、虚拟现实、量子信息等领域处于全球领先地位，将广东省打造成为全球未来电子信息产业创新高地；对于未来智能装备产业，计划到2030年取得30项左右关键未来智能装备技术突破，牵头或参与制定30项以上未来产业标准，培育4家具有国际竞争力的“链主”企业和50家以上专精特新企业；对于未来生命健康产业，广东省瞄准基因技术、细胞治疗、合成生物、脑科学和类脑研究及“AI+医药”等方向，计划到2030年培育10家左右掌握颠覆性技术、拥有爆发成长潜质并可能成长为世界级公司的未来型企业，力争研发投入强度超过10%；对于未来材料产业，计划到2030年培育5个以上未来材料产业先导区，共建100个以上实验室/企业未来材料联合工程中心，实现从源头创新到产业化的全链条发展；对于未来绿色低碳产业，广东省聚焦绿色低碳需求、前沿技术驱动等方向，计划到2030年形成具备较强国际竞争力的若干个千亿元级未来绿色低碳产业集群。

五、江苏

江苏省是国内未来产业发展较为成熟且具有自身特点的省份之一。2021年，江苏省政府办公厅在《江苏省“十四五”制造业高质量发展规划》中提出，要聚焦新兴领域，突出特色优势，打造包括新型电力和新能源装备、物联网、高端新材料等未来产业部门在内的先进产业集群，增强产业体系国际竞争力、创新力、控制力。2023年，江苏省印发《江苏省人民政府关于加快培育发展未来产业的指导意见》，为未来产业发展指明方向，强调要积极把握未来产业发展主动权，抢占国际竞争制高点，将未来产业培养成为全省现代化产业体系的重要支柱。

在细分领域，江苏省针对性制定政策文件，充分完善顶层设计。在遥感卫星领域，江苏省工业和信息化厅于2023年印发《江苏省推进遥感卫星应用产业高质量发展三年行动方案》，目标是到2025年打造若干个遥感卫星应用产业集聚区，在智能遥感卫星制造及关键载荷研制等领域一批“卡脖子”技术上取得突破。在元宇宙领域，2023年江苏省工业和信息化厅等五部门共同印发《江苏省元宇宙产业发展行动计划（2024—2026年）》，以赋能制造业为主要目标，着力壮大企业梯队、完善产业链条、健全产业生态，为制造强省、网络强省建设提供有力支撑。在航空航天领域，江苏省政府办公厅在2023年印发《江苏省航空航天产业发展三年行动计划（2023—2025年）》，聚焦大飞机配套系统与部件、航空发动机及关键零部件、航空材料等生产部门，着力打造具有全球影响力的产业科技创新中心。

（一）江苏未来产业发展特点

县域经济强一直以来都是江苏发展的传统优势。从城市群经济带到区域一体化，未来产业的发展也遵循着这条路径实现“以点带面”。

1.经济基础坚实

2023年江苏省GDP超12.8万亿元，同比增长5.8%；全省人均GDP超15万元，比上年增长5.6%。全年规模以上战略性新兴服务业营业收入比上年增长9.4%，全年数字经济核心产业增加值占GDP比重达11.4%。2024年一季度，江苏省继续延续增长态势，GDP超3.1万亿元，同比增长6.2%，其中高新技术产业产值同比增长6.2%。市级层面上，随着2023年常州市GDP突破1万亿元，江苏省目前有南京、苏州、无锡、南通、常州5座万亿元级GDP城市，是我国拥有最多GDP万亿元级城市的省份。根据《2023中国县域经济百强研究》，2023年全国百强县排行榜中江苏省共有23个县上榜，并包揽了百强县前四名，更是全国唯一一个所有地级市全部位列百强名单的省份。在GDP“千亿县”中，江苏省共21个县上榜，其中昆山市、江阴市和张家港市经济总量位居前列，发展势头强劲。强大的经济实力不仅是长三角地区一体化高效高质发展的力证，更为未来产业发展奠定了坚实的物质经济基础。

2. 产业基础突出

2023年江苏省规模以上工业战略性新兴产业、高新技术产业产值占规模以上工业比重分别提高至41.3%和49.9%，13个设区城市全部入选国家先进制造业百强市。不同城市因地制宜，在多年探索中逐步确立了各自的强势产业，为发展新质生产力、向现代化产业体系转型注入澎湃动力。常州市作为我国“新能源之都”，拥有国内同类城市中最完备的产业体系，下属溧阳市动力电池产业集群、新北区新能源汽车电气设备产业集群先后入选国家级中小企业特色产业集群。无锡市在集成电路产业起步早、基础好、规模大，经过多年发展，已拥有包括14家上市企业、34家国家级专精特新“小巨人”企业、超过300家高新技术企业在内的600余家重点企业，形成了涵盖芯片设计、晶圆制造、封装测试及装备、材料的完整产业链。苏州市聚力抢占航空航天赛道，充分依托各县级市（区）已具备基础的航空产业园区、低空产业园区或规划园区，将数字航空领域的整机制造、发动机研发制造、空地通信、无人驾驶、航空芯片等产业紧密联系起来，打造覆盖技术研发、生产制造、运营保障等多元业态、差异化发展的低空经济产业园区，目前已拥有领航企业26家、创新示范机构6家、整机制造企业20多家、低空经济先导产业园7家。徐州市以工程机械为优势产业，工程机械集群入选国家首批先进制造业集群，规模以上工业企业近400家，集群内企业获评国家级制造业单项冠军8个，国家级专精特新“小巨人”企业10家。南京市瞄准人工智能、电子信息、网络通信与安全等满足国家重大战略需求领域，设立紫金山实验室重点科研平台，2024年初，紫金山实验室建立了业界首个6G综合实验室，初步建成6G端到端实验平台，6G光子太赫兹通信实时传输速率提升到1Tbps，再次刷新世界纪录。

3. 科研力量雄厚

2023年江苏省全社会研发投入约4100亿元，占GDP比重为3.2%。省内拥有科技型中小企业9.4万家，科创板上市公司110家，数量均位居全国第一。2023年，全省科技系统共推进86项科技体制改革攻坚任务，实施48项基础研究重大项目、89项产业前瞻技术研发项目和85项重大科技成果转化项目，布局3个省基础科学中心，万人发明专利拥有量62.1件，连续8年保持全国省区第一。在人才培养方面，江苏省目前有20余所本科高校设有人工智能、未来网络等未来产业相关学科，超过75家重点研发平台开展未来产业相关技术研发和重大项目攻关，现有高校科技人力资源总量9.9万人，拥有两院院士80人、国家高层次人才2000余人，高层次人才的总数占到全国高校的10%。在科研平台建设方面，以苏州工业园区为例，该园区立足国家战略和区域产业需求，通过平台建设推动创新策源，园区内汇聚33所中外名校、37家大院大所、3家全国重点实验室。2023年，苏州工业园区进入全国高新区20强，苏州实验室总部基地正式开工，纳米真空互联实验站二期完成验收，两家国家技术创新中心总部基地开工建设，在产业科技创新领域成绩斐然。

（三）江苏未来产业重点发展领域

在2023年11月发布的《江苏省人民政府关于加快培育发展未来产业的指导意见》（以下简称《指导意见》）中，江苏省明确提出，到2025年，要加快培育第三代半导体、未来网络、氢能、新型储能、细胞和基因技术、合成生物、通用智能、虚拟现实、前沿新材料、零碳负碳10个成长型未来产业，谋划布局量子科技、深海深地空天、类人机器人、先进核能等一批前沿性未来产业，初步形成“10+X”未来产业体系。

在《指导意见》的基础上，江苏省科技厅会同省发展改革委于2024年初印发《加快科技创新引领未来产业发展“5个100”行动方案（2024—2026

年）》，在第三代半导体、通用人工智能、量子科技、元宇宙等未来产业领域着力实施“5个100”行动：推进100项重大前沿技术攻关，加强科技人才培养，实施前沿技术研发计划，掌握未来发展主动权；培育100家未来科技创新示范企业，遴选一批主攻前沿技术、具备发展潜力的高新技术企业进行重点培育，支持企业组建创新联合体，开展上下游协同创新；升级100家未来产业科创园区，重点打造一批未来产业标杆孵化器，加快提升“硬科技”孵化服务能力，探索创新发展模式；开发100个前沿技术应用场景，支持高校院所建设早期试验场景，支持领军企业搭建行业融合应用场景，支持高新区打造特色化标杆示范场景，以场景应用推动技术产品定型、加速产业化进程；研制100项未来产业标准规范，强化科技创新与标准化工作联动，引导经营主体紧跟前沿技术趋势，加快重点标准研制，加速未来产业标准推广应用和商业化落地。

六、安徽

与浙江、广东等省份相比，安徽省在未来产业方面起步较晚。安徽省在2022年发布的《安徽省“十四五”制造业高质量发展（制造强省建设）规划》中首次提到积极布局未来产业，发挥资源、技术、人才、市场、区位优势，谋划布局特色新材料、航空航天装备、量子信息、类脑智能等一批在全国有影响力的特色先导产业。2024年2月，安徽省发展改革委印发《安徽省未来产业先导区建设方案（试行）》，正式启动未来产业先导区建设。在方案中，安徽省瞄准“7+N”重点领域和方向，到2027年建设10个左右省级未来产业先导区。2024年5月，安徽省发展改革委发布《关于进一步发挥合肥综合性国家科学中心创新策源作用 加快培育未来产业的实施方案》，提出将重点推动通用智能、量子科技、先进材料、人形机器人等未来产业发展，加快重大创新平台建设与科技成果转化，强化应用场景示范，培育一批链主企业，对未来产业集群发展形成有力支撑。

在细分产业领域，安徽省发布一批发展行动方案。在光储产业方面，2024年4月，安徽省工业和信息化厅等五部门联合印发《支持先进光伏和新型储能产业集群高质量发展若干政策》，通过政策资金、产业基金、资源要素等多种手段推动先进光伏和新型储能产业集群高质量发展。在智能传感产业方面，2024年5月，安徽省科技厅联合省发展改革委、工业和信息化厅等七部门发布《关于支持中国传感谷发展若干政策》，加大资金投入支持传感谷产业创新发展，在人才引育、上市融资、海外发展等方面共同发力。

（一）安徽未来产业发展特点

安徽省在未来产业发展上目前仍属于起步布局阶段，但通过梳理已有措施可以发现，安徽省培育未来产业的第一步，就是利用好高校、科研院所等优质科研力量，打造技术创新优势。安徽省拥有以中国科学技术大学、中国科学院合肥创新院、中国科学院合肥物质科学研究院等为代表的优势科研力量，近年来创新能力持续提升，连续多年位居全国第一方阵。2023年安徽省高新技术企业数增长28%，科技型中小企业数增长54%，新增国家级专精特新“小巨人”企业129家，几项指标均排名全国前十；获批国家企业技术中心6家，国家级制造业创新中心累计3家，位居全国第一；累计揭榜国家新一轮全面创新改革任务16项，在全部试点省市中排名第三。2023年安徽省每万人口有效发明专利拥有量28.2件，同比增长19%；吸纳、输出技术合同成交额分别达4734.2亿元、3339.5亿元，同比分别增长54.2%、50.7%。

通过依托高校以及科研院所，安徽省为未来产业发展打下了良好基础，在培育新质生产力、打造优势产业、建设地区产业集群等方面取得一定成绩。2023年安徽省战略性新兴产业产值增长12.2%，占规模以上工业产值比重提高到42.9%。在人工智能领域，安徽省发挥“中国声谷”产业促进力量，利用科大讯飞等业内领军企业的技术优势，建立类脑智能技术及应用国家工程实验室和创新平台，打造千亿规模产业集群，并带动智能机器人装备、智能网联汽车等产业协同发展。2023年5月，科大讯飞发布星火认知大模型，并在教育、医疗、工业等几个领域实现“技术落地”，展现出人工智能在行业交叉方面的发展潜力。在量子信息领域，安徽省凭借量子国家实验室和中国科学技术大学量子信息团队的科研优势，不断拓展量子通信、量子计算、量子精密测量等应用场景，产业专利申请数位居全国第一，产业发展基金规模超100亿元。2023年4月，全国首个量子信息未来产业科技园落户安徽并挂牌运营，为产业集群发展提供承载空间。在未来能源领域，中国科学院合肥物质科学研究院牵头主攻核能等前沿技术研发，同时安徽江淮汽车集团股份有限公司、蔚来汽车（安徽）有限公司、阳光电源股份有限公司等新能源企业也积极开展新能源汽车、储能等产业化应用。2023年安徽省光伏制造业营业收入排名跃升至全国第三，新增投运新型储能电站23座，累计装机容量位居全国第七。

（二）安徽未来产业重点发展方向

安徽省在2024年政府工作报告中重点强调，要加快构建现代化产业体系，发展壮大新质生产力。具体到未来产业，要在以下几个方向加大投入。

1. 推动传统产业转型升级

要坚持“一链一策”，打造高水平现代化产业链，完善绿色制造和服务体系，加强绿色工厂、绿色工业园区创建，培育一批绿色供应链管理企业。此外，要将数智技术广泛应用到制造业技术改造升级工程中，加快重点行业升级改造，鼓励企业进行技术改造和设备更新，并为其提供税收优惠和贷款政策上的支持。安徽省在2024年2月发布的《关于巩固和增强经济回升向好态势若干政策举措的通知》中提出，实施亿元以上重点技术改造项目1200项以上，新增规模以上制造业企业数字化改造5000家以上，对获评国家级智能制造示范工厂、国家级绿色工厂的企业予以资金奖励。

2. 加快产业集群建设

安徽省积极开辟未来产业赛道，启动未来产业先导区建设，重点布局人工智能、新型储能、新材料、量子信息、医药健康等产业，培育先进产业集群。安徽省将汽车作为其“首位产业”，贯穿产业生产全领域进行前沿技术探索。安徽省财政统筹安排20亿元支持汽车产业生态建设，围绕轻量化材料、车规级芯片、下一代动力电池、智能驾驶体系等关键领域组建创新联合体，设立开放型汽车生态实验室，为技术研发和设备投入提供资金补助。在新型储能产业方面，安徽省积极开展下一代电池技术等领域技术攻关，推广“光伏+”综合应用，加快培育氢能产业，支持氢能标准规范、中试放大、检测试验、安全运营监测等实际应用过程中的问题研究，并通过“贴息+补助”的方式提供资金支持。在医药健康方面，安徽省计划在高端医疗器械、现代中医药等领域建设产业集群，打造一批协同创新平台和临床转化公共服务平台。

3. 继续发挥科技创新引领作用

人才培养与技术攻关是安徽省未来产业发展的重要一环，未来安徽省也将继续着力技术创新，推进高水平创新省份建设。在资金投入上，省财政设立10亿元科技创新攻坚专项资金支持原创性引领性技术攻关，为省级重大科技攻关专项提供1000万元左右资金支持，鼓励科技领军企业申报承担自然科学基金项目。在平台建设上，安徽省未来将推进省重点实验室重组升级，努力争创全国重点实验室、国家基础学科研究中心、国家技术创新中心等国家级创新平台，积极推进合肥综合性国家科学中心建设。支持“科大硅谷”、中国科学技术大学科技商学院、羚羊工业互联网等多平台互相赋能，探索构建“政产学研金服用”融合互动机制。在创新主体培养上，安徽省坚持以企业作为科技创新主体，支持企业牵头承担科技研发项目，鼓励符合条件的企业牵头组建产业创新研究院。加大独角兽企业培育力度，持续实施高新技术企业和科技型中小企业数量“双倍增”行动、规模以上重点制造业企业无研发活动无研发机构“两清零”行动。在人才引进上，安徽省未来将常态化开展“人才安徽行”系列活动，吸引科研人员落户安徽，为海外高层次人才在安徽创新创业开辟绿色通道。

第四章　我国代表性未来产业的发展概况

未来产业是在科技进步、产业培育和市场需求演变的推动下，有潜力在未来一段时间内成长为战略性新兴产业和主导产业，这一概念是动态的。当前正在发展培育期的未来产业发展具有较高的不确定性，较难对其今后的技术路线、市场化应用场景进行准确的预测。现在的战略性新兴产业，在若干年前曾经是当时的未来产业，经历了从前沿科技到大规模产业化的较为完整的发展历程。本书选取历史维度的未来产业——人工智能产业能够赋能孕育更多未来产业的重要产业和正在培育期的未来产业——智能网联汽车产业作为案例，考察未来产业发展的主要推动力以及发展中的经验及挑战，为我们更深入认识未来产业的演进规律提供参考借鉴。

一、历史维度的未来产业——人工智能产业

习近平总书记指出，“谁能把握大数据、人工智能等新经济发展机遇，谁就把准了时代脉搏”。在数字经济时代，以大模型、大数据、大算力为核心要素的人工智能已经成为新质生产力的重要引擎，人工智能技术革命的爆发以及其与经济社会的深度融合为赋能未来产业、发展新质生产力提供了强大推动力，为我国经济高质量发展提供了重要抓手。近年来，人工智能技术

快速发展，ChatGPT（Chat Generative Pre-trained Transformer，聊天生成式预训练语言模型）的出现，标志着人工智能技术在自然语言处理领域的重大突破和进步，未来人工智能将对我们经济生产、社会生活、军事技术等各方面产生深刻影响和颠覆性转变。

（一）人工智能的界定和发展

人工智能（Artificial Intelligence）的概念起源于1956年达特茅斯（Dartmouth）会议，由美国计算机科学家约翰·麦卡锡（John McCarthy）提出。有学者认为[①]，人工智能指计算机以与人类相似的方式来处理事情，包括感知、推理、学习、思考、交流和行动等；也有学者认为[②]，人工智能是可以对数据进行处理和实现特定任务的复杂信息系统。人工智能具有数字化、规模化、效率高和互联互通性强等特征，依托计算机的强大算力，迅速从大数据中分析提取有价值的信息，实现规模化生产和应用以及不同领域之间的高效互联互动，[③]例如，在制造业领域，人工智能通过工业物联网与远程控制系统的融合，可以实现多家工厂的信息化交互和产能共享。以ChatGPT等产品为代表的生成式人工智能的出现使人工智能和人类生产生活的关系更加密切，除了常规任务外，人工智能还具备了撰写文字、进行艺术创造、生成视频等能力，已经实现在汽车、金融、教育、娱乐、医疗保健和科技等多领域的实践和应用。

---

① 尼尔斯·尼尔森.人工智能［M］.郑扣根，庄越挺，译.北京：机械工业出版社，2000：1-3.

② ANDREAS K，MICHAEL H. Siri，Siri，in my hand：Who's the fairest in the land? On the interpretations，illustrations，and implications of artificial intelligence[J]. Business Horizons，2019，62（1）：15-25.

③ 赵志君，庄馨予.中国人工智能高质量发展：现状、问题与方略[J].改革，2023（9）：11-20.

1.人工智能的发展历程

人工智能经历了三个重要的跨越式发展阶段。第一阶段：20世纪50年代至70年代，人工智能发展形成阶段。这个阶段人工智能主要通过符号来模拟人的思维，将信息、概念符号化加工处理使计算机具有逻辑推理能力。第二阶段：20世纪80年代至21世纪初期，人工智能快速成长阶段。得益于互联网、计算机和神经网络算法的高速发展，部分人工智能产品已开始从理论研究进入生产生活应用，例如，1997年计算机“深蓝”战胜国际象棋大师加里·卡斯帕罗夫，2008年IBM提出“智慧地球”概念，认为人工智能将会应用到医疗、交通、电力、基础设施等各方面。第三阶段：2011年至今，人工智能迎来蓬勃发展期。随着大数据、云计算、物联网等技术日益成熟，人工智能在全球范围内迅速发展，语音识别、无人驾驶、智能问答、图像分类等人工智能技术已广泛应用于人类经济社会的各种领域，未来人工智能将迈向更深层次的变革。

一是底层技术方面。微软、谷歌、OpenAI（开放人工智能研究中心）、Meta（元宇宙）等头部企业在人工智能关键技术上不断加大研发投入，发布了GPT-4、PaLM 2、Claude v1、Cohere、Falcon、LLaMA等众多重要的大模型，并通过开源共享的方式让更多开发者共同参与模型的优化和改进。与此同时，深度学习算法不断革新、自然语言处理能力更加强化、计算机视觉图像识别和物体检测技术准确率显著提升、生成对抗网络（GAN）算法进化在图片处理方面更加精细，这些底层技术的突破和改进为人工智能的应用提供了更为多样的技术手段和工具。

二是技术应用方面。大模型技术与文本、图像、音乐的生成和处理等相结合，实现了在多种场景的应用。在文本领域，人工智能实现了机器问答、文案创作、语言翻译等功能，例如，谷歌推出了聊天机器人“巴德”（Bard）和致力于利用人工智能改变新闻报道方式的AI Genesis计划。在图像领域，人工智能实现了根据文本描述自主生成图像，例如，美国软件公司Adobe推出了图像生成和编辑工具Firefly，改变了数字设计行业。在音乐领域，谷歌推出了根据文本描述生成音乐的模型MusicLM，能够生成各种流派和不同乐器演奏的音乐。

三是产品落地方面。美国科技巨头和一些研发机构正借着ChatGPT相关产品引发的科技浪潮强化人工智能产业化布局。例如，微软将ChatGPT集成到其Bing搜索引擎中，允许用户与其聊天以帮助用户搜索查询更为精准的答案；谷歌将人工智能集成到Google Workspace中，旨在为用户在文档和邮件写作中提供帮助；美国非营利在线教育机构可汗学院（Khan Academy）推出Khanmigo人工智能平台，人工智能将为学员提供辅导员、课程设计和助教服务；安翰科技（武汉）股份有限公司研发的NaviCam ProScan胶囊内窥镜人工智能辅助阅片软件获得美国食品药品监督管理局（FDA）的批准注册，人工智能辅助诊断将用于消化道疾病的识别和诊断。

2. 未来人工智能发展趋势

人工智能正在迅速改变我们的世界，未来几年这种趋势将会加速。美国战略咨询机构Global Market Estimates Research & Consultants预测，全球人工智能市场2023—2028年的年复合增长率将达到37%。麦肯锡全球研究院表示，人工智能有望“释放下一波生产力浪潮”。

一是人工智能技术更加进步。随着算法、计算能力和数据资源的发展，人工智能的性能将进一步提升。例如，深度学习、强化学习等算法的优化将带来人工智能模型能力的提高，一个通用模型将具备执行多项任务的能力。美国数据分析软件公司Sisense预测，2024年人工智能将是大语音模型（LLM）广泛集成并向通用人工智能（AGI）发展的重要一年。美国贝恩资本风险投资公司（Bain Capital Ventures）预测，未来人工智能的趋势是多模态检索架构和多模态推理，这将为用户提供更为精准和人性化的服务，例如，除了文本性质的服务外，还可以为用户提供定制化视频、音频、代码等多种服务。

二是应用领域进一步拓宽。当前，人工智能已经在医疗保健、教育、交通物流、金融服务等领域实现应用，随着技术的发展，人工智能的应用将更加深入且涵盖更多的行业和领域。在医疗健康领域，伴随深度学习和图像识别技术的发展，人工智能将协助医生进行更为精准的疾病诊断和治疗方案的制定，在药物研发、临床试验等环节也将发挥作用。例如，2023年9月，英国伦敦大学公布一项利用人工智能分析视网膜图像检测疾病的应用，未来这一应用将用于临床。在交通物流领域，人工智能将通过对大数据的分析和监测，提高对实时交通情况的监控和调度，未来自动驾驶汽车、智能仓储等的应用将提高物流的效率和安全性。在金融领域，人工智能将通过深度学习和大数据分析，提供更为精准和个性化的风险评估、投资决策、资产配置方案等服务，人工智能的发展也有可能会催生更多新的金融产品和服务。

三是普及化程度提升，与人类经济社会发展更为密切。未来人工智能的性能将进一步提升，能够满足各种应用场景的需求，同时低成本和高易用性将会提高个人和组织对人工智能的接受程度。在购物方式方面，人工智能将通过提供沉浸式体验产品展示改变人们发现商品和购物的模式，例如，谷歌开发了虚拟试穿功能，eBay推出了帮助卖家生成产品清单描述的人工智能工具。在协助完成工作方面，人工智能将帮助人类更高效完成工作。例如，人工智能自动化客户服务可以对初始电话进行分类，协助处理大量例行、重复的程序；人工智能可以帮助律师快速完成合同稿的草拟工作；人工智能可以帮助程序员加快软件编写速度，并自动完成测试和调试。此外，未来人工智能将与物联网、云计算、区块链等技术结合，为人类提供更多更加智能高效的系统方案。

（二）我国人工智能产业发展情况

1.我国人工智能产业政策演进

近年来，我国对人工智能的重视程度不断提高，陆续出台了相关支持政策，加快人工智能产业战略布局。2017年，国务院印发首部国家层面支持人工智能发展的政策文件——《新一代人工智能发展规划》，指出我国发展人工智能的总体部署，即构建开放协同的人工智能科技创新体系，把握人工智能技术属性和社会属性，坚持研发攻关、产品应用和产业培育“三位一体”，强化科技、经济、社会发展和国家安全“四大支撑”。在人工智能与实体经济融合发展方面，2017年，工业和信息化部发布《促进新一代人工智能产业发展三年行动计划（2018—2020年）》，提出我国人工智能产业的主要发展任务和重点发展产业，明确要以人工智能产业化和集成应用为重点，推动人工智能和实体经济深度融合；2019年，中央全面深化改革委员会通过《关于促进人工智能和实体经济深度融合的指导意见》，科技部印发《国家新一代人工智能开放创新平台建设工作指引》，聚焦人工智能重点细分领域，整合技术、产业链和金融资源，推动人工智能成为驱动实体经济发展的新引擎。在人工智能专业人才培养方面，2020年，教育部、国家发展改革委、财政部联合发布《关于“双一流”建设高校促进学科融合 加快人工智能领域研究生培养的若干意见》，旨在提升人工智能领域高层次人才培养水平，为我国抢占世界科技前沿提供人才支撑。在人工智能治理方面，2021年，国家新一代人工智能治理专业委员会发布了《新一代人工智能伦理规范》；2023年，国家互联网信息办公室等有关部门出台了《生成式人工智能服务管理暂行办法》，坚持统筹发展与安全，科学把握风险防范尺度；2023年7月，中央经济工作会议再次强调要“促进人工智能安全发展”。在人工智能转化应用方面，2022年，科技部、教育部、工业和信息化部等部门联合发布了《关于加快场景创新以人工智能高水平应用促进经济高质量发展的指导意见》，以推动场景创新加速人工智能技术攻关、产品开发和产业培育，促进人工智能更高水平应用，更好支撑高质量发展（见表4-1）。省级层面也不断强化人工智能产业布局，截至2023年，已有包括北京、上海、江苏等在内的近30个省市出台了人工智能产业发展规划或支持政策，聚焦人工智能与传统产业融合、加强核心技术研发、培养领军企业等重点方向。

表4-1　我国主要人工智能相关政策文件

发布机构	发布时间	文件名称
国务院	2017年	《新一代人工智能发展规划》
工业和信息化部	2017年	《促进新一代人工智能产业发展三年行动计划（2018—2020年）》
教育部	2018年	《高等学校人工智能创新行动计划》
工业和信息化部	2018年	《新一代人工智能产业创新重点任务揭榜工作方案》
中央全面深化改革委员会	2019年	《关于促进人工智能和实体经济深度融合的指导意见》
科技部	2019年	《国家新一代人工智能开放创新平台建设工作指引》
国家标准化管理委员会、中央网信办、国家发展改革委、科技部、工业和信息化部	2020年	《国家新一代人工智能标准体系建设指南》
教育部、国家发展改革委、财政部	2020年	《关于“双一流”建设高校促进学科融合 加快人工智能领域研究生培养的若干意见》
全国信息安全标准化技术委员会秘书处	2021年	《网络安全标准实践指南——人工智能伦理道德规范指引（征求意见稿）》
国家新一代人工智能治理专业委员会	2021年	《新一代人工智能伦理规范》
科技部、教育部、工业和信息化部、交通运输部、农业农村部、国家卫生健康委	2022年	《关于加快场景创新以人工智能高水平应用促进经济高质量发展的指导意见》

续表

发布机构	发布时间	文件名称
科技部	2022年	《关于支持建设新一代人工智能示范应用场景的通知》
国家互联网信息办公室、国家发展改革委、教育部、科技部、工业和信息化部、公安部、国家广播电视总局	2023年	《生成式人工智能服务管理暂行办法》

2. 我国人工智能发展取得的成绩

人工智能相关产业市场规模持续扩大。近几年，我国人工智能产业发展迅速，市场规模不断扩大，人工智能技术应用领域日益广泛，包括医疗健康、制造业、金融、教育、交通与物流、安防、智能家居等多个领域。根据中商产业研究院整理的数据显示，2017—2022年，我国人工智能市场规模从318亿元提升至2845亿元，年均增长率达158.9%，预计2024年我国人工智能市场规模将达4015亿元（见图4–1）。我国人工智能企业数量仅次于美国，居世界第二位，根据毕马威会计师事务所联合中关村产业研究院发布的数据显示，截至2023年6月，我国人工智能企业数量为5737家，占全球总数的16%；美国人工智能企业数量为12925家，占全球总数的34%（见图4–2）。我国人工智能独角兽企业数量仅次于美国，居世界第二位，截至2023年6月，全球人工智能领域独角兽企业为291家，美国和我国的独角兽企业数量分别为131家和108家。国际数据公司（International Data Corporation，IDC）认为，中国人工智能将进入大规模落地应用期，并预测2026年中国人工智能软件及应用市场规模将达到211亿美元。未来，我国人工智能市场潜力巨大，赛迪顾问预测，到2035年，我国人工智能产业规模为1.73万亿元，全球占比达30.6%。我国已经形成了一批具有全球竞争力的科技龙头企业，比如百度、腾讯、阿里巴巴、华为、商汤科技等，百度在人工智能无人驾驶领域已处于全球领先水平，商汤科技的人脸识别技术被广泛用于视频监控、安防等领域，腾讯在医疗AI领域积极探索致力推动医疗AI全链条创新。

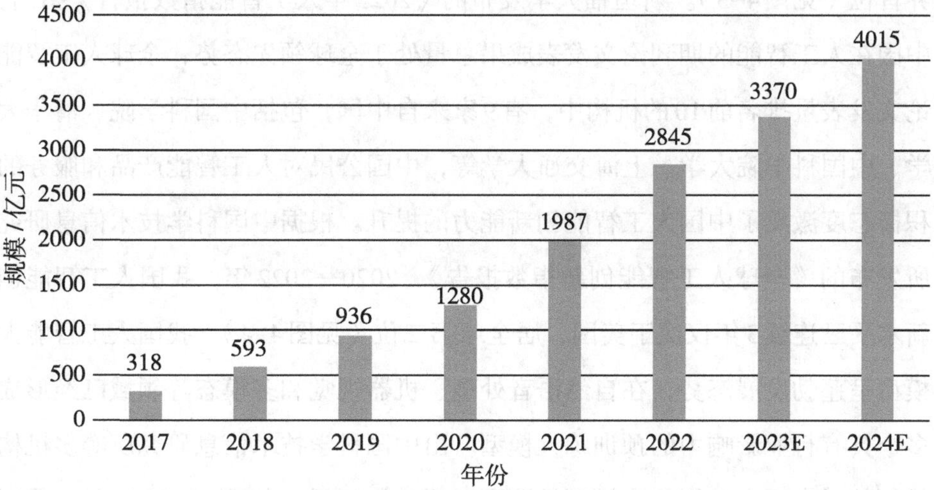

图4-1　2017—2024年我国人工智能市场规模情况

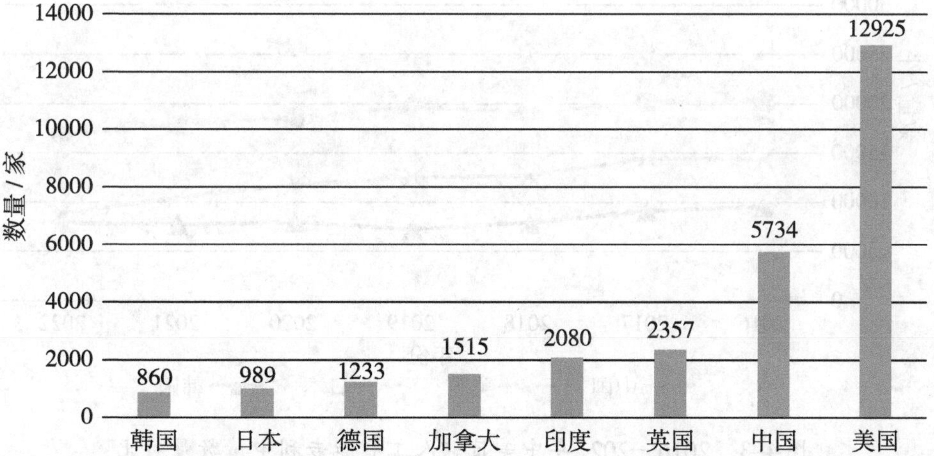

图4-2　截至2023年6月全球主要经济体人工智能企业数量

人工智能技术创新能力不断提升。我国在人工智能领域专利申请数量稳步增长，2016—2022年，我国人工智能领域专利申请数量从18977件提升至29583件，2022年我国人工智能专利申请数量超过全球人工智能专利申请数量的40%，自2017年以后我国人工智能专利申请数量就开始超越美国，居世界首位（见图4-3）。斯坦福大学发布的《2023年人工智能指数报告》指出，中国在人工智能的期刊论文发表成果总量处于全球领先态势，全球人工智能论文发表量排名前10的机构中，有9家来自中国，包括中国科学院、清华大学、中国科学院大学、上海交通大学等，中国公民对人工智能产品和服务的积极态度激发了中国人工智能创新能力的提升。根据中国科学技术信息研究所发布的《全球人工智能创新指数报告》，2020—2022年，我国人工智能创新水平已连续3年仅次于美国，居全球第二位（见图4-4）。我国人工智能大模型呈蓬勃发展态势，在自然语音处理、机器视觉和多模态等领域已经形成多个具有行业影响力的预训练大模型。由中国科学技术信息研究所等多机构编写的《中国人工智能大模型地图研究报告》显示，截至2023年5月，我国

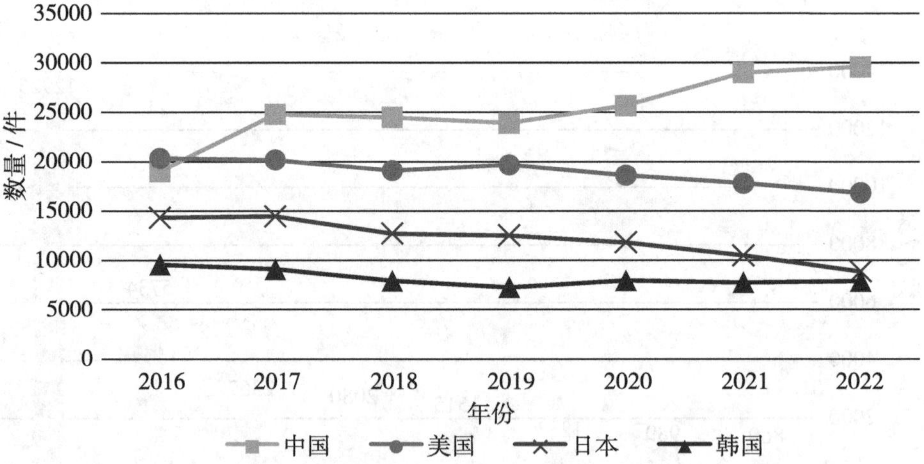

图4-3　2016—2022年中美日韩人工智能专利申请数量对比

数据来源：世界知识产权组织（WIPO）。

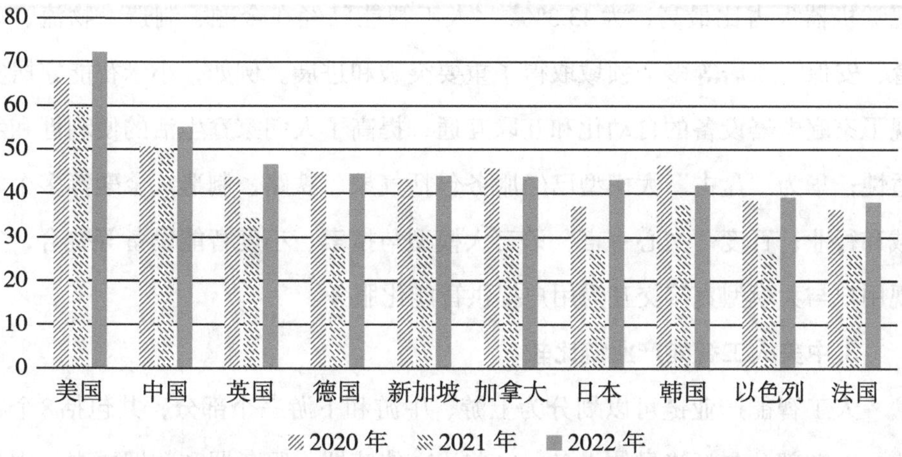

图4-4　2020—2022年全球主要经济体人工智能创新指数对比

已经发布了参数在10亿规模以上的大模型79个；从全球已发布的大模型分布来看，中美两国大模型数量超过全球总数的80%。从模型算力来看，华为“盘古”大模型、北京智源“悟道”大模型、百度“文心”大模型等在处理单项任务上已处于世界领先水平。

人工智能配套基础设施建设快速推进。近年来，我国稳步推进科技强国建设步伐，算力、存储、5G、云平台等新型基础设施发展迅速，已建成全球规模最大的新基建平台，将为人工智能的发展提供强有力的支撑。根据头豹研究院的测算，2022年，我国人工智能基础设施行业市场规模为1.12亿元，预计2027年将达6.0亿元。在算力方面，工业和信息化部数据显示，截至2022年底，我国算力总规模达180百亿亿次浮点运算/秒，居全球第二位，存力总规模超1000EB（1万亿GB），可为人工智能发展提供强有力的支撑。截至2023年底，我国已建成5G基站337.7万个，5G已全面融入各个行业，将为人工智能的发展提供更好的网络服务。

人工智能应用成效初显。我国人工智能按照应用领域来划分，可以分为视觉人工智能、决策类人工智能、语言类人工智能和人工智能机器人，其中视觉机器人占比最高，为43.3%。[①]人工智能已经在金融、制造、物流、教育、安保、家居等多个领域取得了重要突破和进展。例如，小米智能家居实现了家庭电器设备的自动化和互联互通，提高了人们家庭生活的便利性和舒适性；华为“盘古”大模型已经服务包括气象、铁路、制造、金融等多个领域和行业；百度“文心一言”语言大模型与搜索、小度智能设备等整合，实现用户与大模型直接交互为用户提供智能化服务。

3. 中美人工智能产业链比较

人工智能产业链可以划分为上游、中游和下游三个部分，共包括8个板块，上游部分包括半导体设备、AI芯片、传感器、服务器和数据要素，中游部分包括算法和平台，下游部分包括智慧硬件和AI应用（见图4–5）。从中美人工智能产业链比较分析来看，我国人工智能产业链上市企业数量上有一些优势（见表4–2），但从上市公司的市值、营业收入和研发投入占比来看，我国和美国还具有较大差距。2022年，我国人工智能产业链共有216家上市公司，市值合计9.0万亿元，实现总营业收入3.1万亿元，研发投入占比为6.1%；美国人工智能产业链共有71家上市公司，市值合计约106.3万亿元，实现总营业收入15.4万亿元，研发投入占比为13.6%。

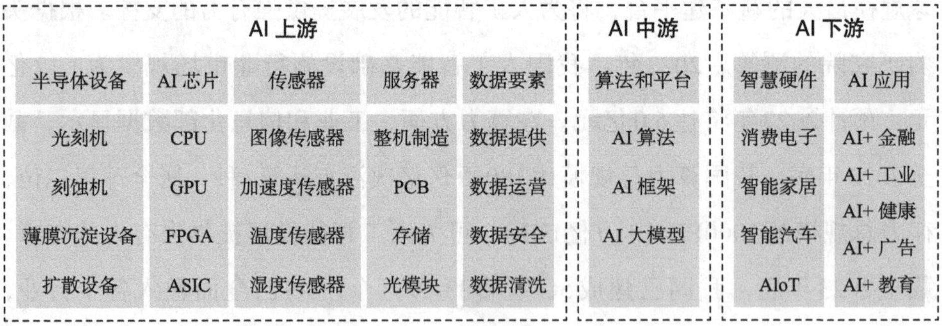

图4–5　人工智能产业链布局

① 沈芬．“互联网+”新技术八大发展趋势[J]．信息化建设，2023（5）：36-41.

表4-2　中美人工智能产业链比较

国家	上游		中游		下游	
	核心资产分布情况	市值	核心资产分布情况	市值	核心资产分布情况	市值
中国	78家上市公司，其中，服务器17家，龙头企业为浪潮信息；芯片16家，龙头企业为海光信息；半导体设备23家，龙头企业为北方华创；传感器7家，龙头企业为韦尔股份；数据要素15家，龙头企业为易华录	2.61万亿元	算法和平台上市公司7家，龙头企业为科大讯飞	0.34万亿元	131家上市公司，其中，智慧硬件40家，龙头企业为海康威视；AI应用91家	6.05万亿元
美国	20家上市公司，其中，半导体设备7家；AI芯片4家，龙头企业为英伟达；传感器1家；服务器2家；数据要素6家，龙头企业为埃森哲	19.39万亿元	算法和平台上市公司22家，龙头企业为微软	39.83万亿元	29家上市公司，其中，智慧硬件2家，龙头企业为苹果；AI应用27家，龙头企业为特斯拉	47.04万亿元

数据来源：前瞻产业研究院。

4. 我国人工智能发展面临的挑战

利于人工智能创新发展的体制机制亟待健全。人工智能技术发展和迭代迅速，我国在促进人工智能创新发展和人工智能监管治理等方面的体制机制还不健全，不利于人工智能企业参与全球产业竞争。一是数据的开放使用和跨境流动相关制度滞后于人工智能发展需要。人工智能技术的迭代更新依赖对海量数据的分析和优化，我国有关规制体系还处于初级阶段，对于数据跨境流动采取谨慎监管措施，存在数据产权认定流通难、缺乏重要数据认定机制、安全评估尺度不明、不同规章制度存在冲突等问题，人工智能发展的数据基础薄弱、适合大模型训练的高质量数据支撑不足。当前我国大模型训练主要依赖国际开源数据集，以互联网开源数据集Common Crawl为例，其中文文献数量不足5%，我国企业基于Common Crawl数据集训练的模型易出现翻译错误或潜在文化偏差问题。二是监管治理体系跟不上人工智能技术迭代步伐。人工智能的研发和应用可能存在一定的社会伦理道德风险，对发展迅速、迭代更新快的人工智能技术和运用，亟待制定和完善与之发展相配套的监管规范，确保公众利益不受到损害。三是标准体系建设不适应技术发展需求。我国人工智能产业标准建设工作处于起步阶段，一些基础概念还未形成统一共识，很多标准还处于研究或者试行阶段，标准之间的关联和配合协调程度不足。此外，我国人工智能技术标准以及数据信息的标准体系与国际标准不统一，使得相关技术研发国际话语权较弱。

关键核心技术有待突破，专业技术人才短缺。一是AI大模型推升算力需求，国产芯片亟待突破。算力的大小直接影响AI大模型训练效果和推理速度，而算力又离不开高性能芯片的支撑。当前我国国产芯片单卡性能还未能达到英伟达A100水平，且国产芯片适配验证周期长，加之2022年以来，美国对我国芯片出口管制持续升级，我国面临大模型训练所必需的高性能芯片短缺困境。二是人工智能专业人才缺乏。尽管近年我国高校加大人工智能相关专业人才培养力度，人工智能人才缺口仍较大，且当前我国人工智能产业从业人员主要集中在应用层，基础支撑层和技术驱动层人才储备薄弱，高端人才供给不足限制我国人工智能创新能力和核心竞争力的提升。麦肯锡公司预测，2030年中国对人工智能专业人才的需求将增至2022年的6倍，缺口达400万人。

合作协同有待加强，创新应用落地难。一是产学研合作共享不足。高校和科研机构与企业之间在产品融合服务和数据信息流通等方面缺乏有效共享，技术端与产业端脱节较为突出，研究、使用、生产的良性循环尚未形成。二是产业链上下游融合合作不够。我国人工智能产业还未形成完整产业链，在软硬件之间、软件系统和工具链之间等方面尚未形成共生的人工智能产业链生态，互不兼容、碎片化等问题成为发展瓶颈。特别是产业链较长的第二产业，人工智能技术在企业的生产、管理、营销、售后中渗透不足，产业链不同环节企业之间缺乏有效的数据联通和共享，较难形成规模效应。三是国际合作面临制约。先进的人工智能技术和核心算法依赖全球化的开源共享，当前我国人工智能国际合作存在制约。一方面，近年来，欧美等经济体不断强化对数据隐私和人工智能技术流通方面的监管，跨国界的人工智能技术合作和数据共享受限。另一方面，美国不断强化对我国高科技领域进行打压遏制，不利于我国开展人工智能国际技术交流合作。

资本市场对人工智能产业的支撑较弱。人工智能研发周期长、技术迭代快，涉及技术研发、人才引进和市场推广等方面都需要企业投入大量资金，但人工智能企业特别是初创人工智能企业由于缺乏足够市场份额以及盈利能力和前景不确定性较大，很难吸引投资者关注和持续投入。随着美国限制对我国高科技投资，美元基金陆续从我国撤出，资本市场活跃度下降，投资机构对项目估值和投资的判断变得更加谨慎。2023年上半年，我国人工智能领域融资交易额61.74亿元，不足美国的5%。当前我国人工智能企业多以政府财政支持和自筹资金为主，而大模型训练一次成本高达5000万~7000万元，如果没有资本的不断投入，大模型的持续训练和技术迭代将难以为继。

（三）人工智能赋能未来产业发展的五大表现

1.人工智能将显著提高生产效率

人工智能作为一项重大科技进步，对经济最显著的影响是提高生产力。人工智能可以按照预先设计好的规则完成特定任务，通过对大量的数据进行分析运算、模拟人脑功能、得出优化的结果，进而降低人类重复的工作，其强大的运算能力为各行各业赋能，大幅提高生产效率。麦肯锡公司预测，到2040年，人工智能每年将为生产力增长带来0.2%~3.3%的提升；高盛预测，未来10年，人工智能将使全球生产力增长提高1.4个百分点，广泛应用人工智能将带来全球GDP增长7%或7万亿美元。随着生成式人工智能的发展，人工智能对生产力的提升将更加显著，人工智能逐渐融入软件开发、设计写作、市场营销、客户服务等业务，带来更多行业的跨越式发展。全球最大的对冲基金Bridgewater的一项研究表明，在生成式人工智能的帮助下进行软件开发的人员比没有使用生成式人工智能的开发人员完成任务的速度提高56%；使用人工智能辅助客服代理可帮助客服节约27%的问题平均处理时间。美国银行全球研究部一项研究预测，与人工智能相关的软件、硬件、服务和销售等行业的全球收入将达到年增速19%，预计2026年相关业务收入将从2020年的3180亿美元提升至9000亿美元。

2.人工智能将全面推动科技创新

科技创新是社会发展的根本动力，人工智能作为一门综合性复合型学科，实现与多种学科深度融合，特别是生成式人工智能的发布，使得人工智能与多个行业产生了更为广泛的联系，实现对多个行业创新的积极促进作用。[①]一是人工智能可以提高研发效率。人工智能通过高效的搜索和数据分析整理能力，帮助人们对知识进行有效分类和组合，降低研发的不确定性，加速知识的创造和技术的溢出，实现高质量的创新突破。二是人工智能可以增强企业管理决策能力，帮助企业节约研发成本。人工智能通过实现数据分析、风险评估、智能推荐、自动化决策、预测分析等多种功能的集成，有效提高企业管理效率、促进企业创新。三是人工智能可以促进产品创新。人工智能技术的实践和应用促进一些行业领域实现突破式创新，比如人工智能在汽车领域的应用创造了无人驾驶汽车，人工智能在家居领域的应用带来了智能家居，此外还有智能安防系统、智能健康管理等。四是人工智能可以提高

① 王庆华.ChatGPT对经济社会发展的影响及启示[J].中国物价，2023（4）：7-9.

企业创新宽度。人工智能通过提高企业研发成功率、增强企业管理效率以及强化企业竞争优势等方式大力提升企业创新绩效。[①]

3. 人工智能可以促进产业结构优化

当前正处于新一轮科技革命和产业变革的重要战略机遇期，人工智能是引领新一轮产业变革的重要核心技术，主要从三个方面促进产业结构优化升级。一是推动传统产业转型升级。人工智能助力传统产业实现自动化、智能化、精准化生产，例如，人工智能赋能制造业优化设计方案、流水线柔性调度和精准组装、全面快速监测，进而实现端到端的深度智能化；[②]人工智能还可以助力农业实现智慧化升级，实现种植养殖决策指导、精准施肥用药、养殖自动喂食和环境调控等。二是催生新产业、新业态和新模式。人工智能技术的应用正在重构生产、分配、交换、消费等经济活动的各个环节，催生新产业、新业态和新模式。[③]例如，在零售消费领域，人工智能正在催生新的消费场景和商业模式，通过数据挖掘和分析预测用户购物偏好和需求精准营销以及通过虚拟模型辅助试衣和穿搭等。三是助力产业链和供应链优化。人工智能在产业链各个环节的应用，使得信息能够实时共享，从而实现供应链的优化和高效协同运转。例如，生产车间的智能调度系统链接物流信息系统，可辅助企业实现全链条信息动态融合。

4. 人工智能将促使劳动力结构升级

人工智能的发展将带来全球人力资源市场需求的重置。一是替代部分就业岗位。人工智能可能降低对中低技能劳动力的需求，例如，文职、客服和

① 王钰，唐要家. 人工智能应用如何影响企业创新宽度？[J]. 财经问题研究，2024（2）：38-50.

② 谢康，卢鹏，盛君叶，等. 人工智能、产品创新与制造业适应性转型[J]. 北京交通大学学报（社会科学版），2024（1）：84-95.

③ 王进，王丽珊. 人工智能产业影响经济增长的作用机制与实证检验[J]. 山东财经大学学报，2019（6）：54-63.

基础技术岗以及重复性、危险性高的工作等。麦肯锡公司预测，人工智能在2030—2060年期间将取代全球一半以上的就业岗位，其中，容易被取代的岗位包括软件开发、计算机编程、数据科学等。二是转变人力资源需求。随着生成式人工智能的发展，人工智能已经具备处理高端职业相关任务的能力，人工智能技术的进步将带来全新企业、行业和专业技能需求。国际货币基金组织（IMF）研究认为，全球近40%的就业机会将受到人工智能的影响，其中发达经济体约有60%的岗位被影响，约一半的岗位可能将因为人工智能而发生整合变化，创造更大经济价值；新兴市场和发展中经济体，人工智能带来的职业影响会较小一些。三是创造新的就业岗位。随着人工智能的广泛应用将催生人工智能训练师、用户体验设计师、数据采集员、数据管理员、机器学习工程师、机器人设计师等新职业。普华永道研究表明，未来人工智能将为我国创造约38%新的就业岗位，净增加约9000万个工作岗位。

5. 人工智能将带来多个行业变革

人工智能将推动多个领域的变革和跨越式发展，为传统行业带来颠覆性变化，从教育、医疗、贸易到交通、金融等各行业，都将受到人工智能带来的技术变革的影响。医疗保健行业，人工智能可用于分析医疗影响，并协助医生进行诊断。根据世界卫生组织（WHO）的报告，初级医疗中约50%的医疗失误是由管理失误造成的，而人工智能与医疗行业的融合将大大提高这一准确性。WHO预测，到2030年，全球将面临1000万名医疗工作者的短缺。新一代人工智能将减轻医护人员的工作压力，帮助解决医护人员短缺问题。金融行业，人工智能可以提升金融机构的服务效率和服务精准化水平，还可以通过对海量数据的分析和处理，精准预测金融市场的变化和风险，并通过算法监测欺诈行为和识别投资机会。文化娱乐行业，人工智能可以带来新的数字化变革，丰富文化体验，拓展艺术和娱乐的边界，还可以根据个人喜好推荐个性化的影视节目，提高服务的精准度和效率，并为媒体公司节约成本。电商零售行业，人工智能可以根据客户的搜索和浏览记录，以及购买历史和习惯向客户推荐产品，提升购物体验、满意度，还可以帮助零售商了解消费者的数据和行为，以便开展个性化的营销和广告，同时还可以帮助零售商进行库存管理和客户服务。

（四）适应人工智能发展需要重点把握的五个方面

1. 人工智能将加速全球产业链重塑

制造业是人工智能的重要应用领域，人工智能和制造业的深度融合将引发影响深远的产业变革，重塑全球制造业产业链价值链，形成一套新的全球分工体系，我国制造业传统的比较优势将被削弱。一是人工智能将改变全球产业链，加速生产服务回流发达国家。工业机器人、智能制造等人工智能技术在制造业领域的应用，极大地节约了人力资源成本，提高了生产效率，降低了制造业回流发达经济体的难度。此外，发展中国家在信息服务、客户服务等领域的跨境服务外包业务也可能会受到较大影响。二是人工智能提高软件开发自动化水平，对发展中国家以低成本为优势的产业形成替代。大规模生成内容速度快、数量多、成本低，可大幅降低信息处理成本，帮助制造业企业摆脱对土地、人力资源的依赖，转而提高对知识技能型人才、金融和产业链生态链的黏性，这会降低以低成本为主要优势的发展中国家的全球市场份额。

2. 人工智能给劳动力市场带来冲击

新一代人工智能的发展引起生产方式的新变革，在显著提高生产效率、全面推动科技创新、促使产业结构和劳动结构升级的同时，也将给我国劳动力市场带来诸多冲击。一是低技能、高重复性的职业被取代。随着生成式人工智能的发展，重复性的体力劳动和程序化的智力劳动的岗位将面临被取代风险，例如程序员、数据分析员等。二是中小企业用工受到冲击。新一代人工智能的发展使得一些复杂任务简单化、技术门槛降低，但人工智能技术的引入需要企业投入较为高昂的软硬件设备购置费和人员培训成本，也需要企业进行大规模的数据采集和分析，这对中小企业来说负担很重，部分中小企业可能因此失去原本用工成本低的优势，但也为其提供了新的用工岗位空间。

3. 人工智能的数据和伦理安全隐忧

人工智能时代，大量的个人信息、商业机密和数据等被收集用于人工智能、数据分析等领域，在创造商业价值的同时也存在很大的数据安全风险隐患。一是个人隐私过度收集风险。人工智能依赖于庞大的数据资源，数据的收集、存储、分析、应用可以为我们带来更好的服务以及经济效益，但数据中包含很多个人和企业的隐私信息。移动通信设备、各种App都存有我们的通话记录、聊天记录、浏览记录、收入状况、消费记录等，在人工智能对数据和信息的收集中，我们的个人信息和隐私无处可藏。二是数据丢失和隐私泄露风险。当前数据存储的方式复杂多样，人工智能将各个渠道获得的碎片化个人信息数据进行整合分析处理，给我们带来便捷，但数据在存储、传输和使用中，一旦发生丢失和泄露，将给个人和企业带来较大的风险。[①]三是隐私和数据的非法交易。人工智能赋予了数据和信息更高的商业价值，个人信息和数据形成了完整的产业链。然而，由于当前数据管理方面的体制机制不健全，一些企业将收集到的个人信息通过非法渠道交易，使得各种垃圾广告、保险推销甚至诈骗电话可以精准推送，如果不能规范管理，将存在较大社会隐患。

4. 人工智能工具被滥用带来的风险

随着人工智能的飞速发展，人工智能在互联网上生成内容变得常态化，

① 刘树锋. 大数据和人工智能时代下数据安全的风险及应对策略[J]. 网络安全技术与应用，2024（2）: 54-56.

人工智能为工作生活带来便利的同时，也引发一些技术滥用问题。《2024人工智能安全报告》显示，2023年，基于人工智能的深度伪造欺诈增长3000%，基于人工智能的钓鱼邮件增长1000%。一是人工智能自动创建的内容将彻底改变互联网的全貌，海量内容将难辨真假。欧盟执法机构“欧洲刑警组织”预测，到2026年，90%的互联网内容将由人工智能生成。美国一家对信息和网站进行评级的机构NewsGuard统计显示，截至2023年底，已有600多家人工智能生成的新闻和信息网站，这些网站没有人工监管，发布的文章几乎全靠机器人撰写。二是不法分子利用人工智能操控虚假信息。一些不法分子利用人工智能深度伪造进行“换脸”“变声”实施网络诈骗，也有一些不法分子利用人工智能制作虚假视频、散布谣言。三是人工智能技术将加大我国应对美西方国家舆论战、认知战的难度。纵观历史，通过散布虚假信息、传播错误情报是美西方开展宣传战、舆论战的主要方式，随着当今地缘政治紧张局势不断加剧，美国对华意识形态斗争不断激烈，舆论战、认知战将成为未来战争的主战场。[①]人工智能技术的发展和完善带来美西方开展舆论战、认知战的方式变革，人工智能技术对信息的操控将最大限度改变受众认知和行为，人工智能制造的虚假信息将增加我国的应对难度。

5.人工智能的发展将增加能耗压力

人工智能大模型离不开算力的支持，而当前算力和数据中心的耗电量正在迅速增加，随着人工智能的发展，对数据处理量的增加将带来对电力的消耗随之增长，未来我国应警惕人工智能带来的电力供应方面的挑战。根据国际能源署的估算，2022年全球数据中心约消耗460太瓦时电量，相当于全球总电量的2%；随着人工智能的普及，到2026年全球数据中心耗电量将

---

① 罗昕，张骁.人工智能时代美西方认知战的运作机制与中国应对[J].统一战线学研究，2023（4）：124-133.

超过1000太瓦时。开放人工智能研究中心（OpenAI）于2024年2月在瑞士达沃斯世界经济论坛上表示，未来几代生成式人工智能系统所需的能源将远超预期，很有可能会导致现有能源系统不堪重负。荷兰研究人员发布的数据显示，到2027年，新制造的人工智能服务器耗电量将达到85.4~130太瓦时，相当于荷兰全国一整年的耗电量。我国电力供应在夏、冬用电高峰时多次出现电力供应偏紧的现象，部分地区甚至出现较为严峻的电力供应紧张局面，人工智能的飞速发展可能加剧这种局面。

（五）世界主要经济体人工智能产业政策

1. 美国在人工智能产业的布局

美国在人工智能领域一直居于世界领先地位，拥有Google、Facebook、Microsoft、IBM等行业龙头企业，以及麻省理工学院、斯坦福大学、加州大学伯克利分校等多所全球人工智能领军学校，这些离不开美国联邦政府对人工智能发展的战略布局和大力扶持。

明确人工智能的战略主导地位。1998年，美国就开始重视人工智能的发展，2013年以后美国不断强化人工智能领域的发展布局。2016年，美国国家科学技术委员会（NSTC）发布《国家人工智能研究和发展战略规划》《为人工智能的未来做好准备》，将人工智能上升为国家战略。2019年2月，美国国家科技政策办公室发布由特朗普签署的《美国人工智能倡议》，强调要确保美国是人工智能领域的全球领导者。2021年3月，拜登政府出台《过渡时期国家安全战略指南》，再次强调美国要在人工智能领域处于领先地位。2023年5月，拜登政府更新发布《国家人工智能研发战略计划》，细化和更新了促进人工智能发展的9项战略目标。为加强人工智能领域的管理、指导和协调形成促进人工智能发展的合力，美国设立了人工智能特别委员会、人工智能中心、人工智能国家安全委员会和人工智能计划办公室等部门。

明晰人工智能研发的重点任务。高度重视人工智能在军事和国家安全方面的应用。为了加强人工智能在国防领域的应用，发布了《人工智能与国家安全报告》《国防部人工智能战略》《军事人工智能法案》等文件。[①]从20世纪70年代开始，美国国防高级研究计划局和情报高级研究计划局牵头了多项关于语言智能的研究项目，涉及语音识别与理解、跨语音信息检索、翻译与转录、多语种分析、认知语义计算等领域。[②]此外，美国还高度关注机器人、人工大脑等领域的研发和应用。例如，通过"机器人路线图"和"先进制造业伙伴计划"促进机器人技术快速发展和在生物制药、物流等行业的广泛应用；启动"推进创新神经脑研究计划"（BRAIN），希望通过探索人类大脑的奥秘来探索机器处理海量复杂信息的可能，促进人工智能发展。

不断强化人工智能领域的资源供给和人才培养。在资金支持方面，美国能够在人工智能领域持续发展离不开联邦政府对人工智能长期性的直接投入，2022财年，拜登政府批准的非国防领域人工智能研发预算请求超过17亿美元；2023年1月，美国国会提出计划投入26亿美元专项资金用于制定美国国家人工智能研究资源（NAIRR）基础设施建设路线图。在数据资源方面，2019年2月，《美国人工智能倡议》提出，要开放人工智能资源，减少人工智能创新的障碍；2023年5月，美国《国家人工智能研发战略计划》再次强调，要为人工智能的训练和测试提供更为宽松的共享数据集和环境。在人才培养方面，美国坚持"全方位培育人工智能人才队伍，维持美国人工智能领导地位"的人工智能人才培养目标，以政府科研经费支持为依托，引导高校和科研机构培养人工智能人才，例如，支持高校设立人工智能专业，开

① 赵志君，庄馨予.中国人工智能高质量发展：现状、问题与方略[J].改革，2023（9）：11-20.

② 梁晓波.美国国防语言能力人工智能建设[J].上海师范大学学报（哲学社会科学版），2021（2）：123-134.

展人工智能教育全学段覆盖，为人工智能专业博士提供绿卡等。①

鼓励人工智能产学研合作和国际合作。在产学研合作方面，美国非常重视政府机构和私营组织之间的研发与创新协同合作，多次强调要扩大公私合作伙伴关系，强化公私合作共同促进人工智能研发和成果转化的协同效应利益最大化。美国独特的政府－高校/研究机构－产业的研发生态系统，以实用为导向，极大推动了人工智能技术转化为生产力的进程。在加强国际合作方面，美国积极推动与盟国在人工智能领域的合作，并致力于构建利于本国人工智能发展的国际环境，2023年更新版的《国家人工智能研发战略计划》新增第9项战略提出要建立战略性国际伙伴关系，促进人工智能国际指南和标准的制定和实施，确保美国是人工智能研发的中心枢纽；2023年2月，美国与欧盟签署《人工智能促进公共利益行政协议》，促进双方在人工智能五大领域全面合作；6月，美国同英国签署《大西洋宣言：21世纪美英经济伙伴关系框架》，提出加强美英两国在人工智能领域进一步合作，确保两国在新兴技术方面的领导地位；10月，美国发布《关于安全、可靠及可信赖的人工智能开发和使用的行政命令》，旨在主导全球人工智能发展格局。

2.欧盟在人工智能产业的布局

相比美国，欧盟人工智能产业政策出台较晚，在当前人工智能产业的全球竞争中，欧盟稍显落后于美国、中国，甚至在某些领域也不及日本和韩国。近几年，欧盟不断加大对人工智能产业的支持力度，加强对欧盟总体资源和政策的调度，积极制定行业规则、技术标准和法律法规，试图通过在人工智能规则体系的话语权来主导未来全球人工智能产业发展。

---

① 杨超，汪凌勇．美国人工智能研发与创新的经验及借鉴[J].科技创新发展战略研究，2023（2）：49-55.

高度重视人工智能治理和法律框架建设。欧盟从发展人工智能初始就将重点放在人工智能的监管体系建设，将“规则”和“标准”作为发展人工智能的重要抓手。[①]2016年以后，欧盟陆续出台了《通用数据保护条例》《人工智能协调计划》《人工智能伦理准则》等文件，确保成员国在遵循伦理道德和法律规则下加强人工智能研发、应用和监管以实现可持续发展。2020年2月，欧盟委员会发布《人工智能白皮书》，提出人工智能指导性清单，旨在大力促进欧洲人工智能研发，同时有效应对其可能带来的风险。2023年12月，欧盟议会、欧盟成员国和欧盟委员会三方就《人工智能法案》达成协议，成为首个为人工智能设立明确规则的地区，法案提出两大监管重点：一是要求通用型人工智能系统开发者必须满足透明度要求；二是各国政府只能在公共场所使用实时生物识别监控。

强化资金投入和专业人才的教育培养。欧盟非常重视在人工智能研发领域的资金投入，2020年2月，欧盟委员会就提出要增加人工智能研发和创新方面的投资，计划10年内每年吸引200亿欧元投资人工智能领域；2023年11月，欧盟委员会再次宣布，将在未来十年内投入1000亿欧元用于人工智能的基础研究、研发、应用以及鼓励企业在人工智能领域投资和支持人工智能领域人才教育和培养。欧盟认为做好人工智能研发人才储备对人工智能的发展至关重要，2018年3月，欧盟发布《人工智能时代：确立以人为本的欧洲战略》，提出推动教育系统数字化改革，培养人工智能高素质人才的战略目标，为此，欧盟启动了“欧洲地平线”项目、“伊拉斯谟+”计划、玛丽居里行动计划等人才培养项目，通过为人工智能科研人才提供资助、增加各级教育系统人工智能的教育培训、支持人工智能博士培养等措施，增强欧盟人工智能

① 代栓平，邹瑜．负责任的人工智能：欧盟创新政策组合分析[J].复旦公共行政评论，2022（1）：70-91.

研发人才储备力量。①

注重人工智能的社会效应以期形成发展合力。欧盟为了调动各成员国和各领域共同积极参与人工智能的发展，非常注重人工智能政策的社会效应、公平和协调性。例如，2020年发布的《人工智能白皮书》明确指出，要着重关注中小企业，确保其能够获得技术和成长。以开放、协调和更为广泛的社会效益为导向，更多地吸纳各类资源和支持，形成人工智能发展的凝聚力，是欧盟人工智能发展的关键。为充分了解人工智能的社会影响以及中长期发展的挑战和机遇，欧盟成立了人工智能高级别专家组和人工智能联盟，高级别专家组主要由来自学术、企业和社会代表的专家组成，联盟则是一个开放式的群体，鼓励人工智能利益相关者和感兴趣的人士在线参与探讨，为人工智能的行业发展建言献策。

3.日韩在人工智能产业的布局

日本积极发挥其在人工智能发展上具有的技术和传统头部企业的先发优势，加大对人工智能的投入，并将发展重点聚焦社会领域应用，在独特发展轨道上形成了自身的发展优势。韩国也高度重视人工智能产业，不断提高各种创新资源向人工智能倾斜度，力求在人工智能产业的全球竞争中占据一席之地。

强化人工智能发展的顶层设计。2018年8月，日本发布《人工智能技术战略实施计划》，明确人工智能发展的总体战略目标，并逐年颁布人工智能年度重点研发领域，指明人工智能发展整体布局和实施路径。2022年4月，日本发布《人工智能战略2022》，提出今后人工智能的发展战略目标为构建人才培养体系、强化产业竞争力、建立AI技术体系、推动国际合作和应对

---

① 凌鹊、刘景华.欧盟“人工智能战略”中的教育使命与策略：基于欧盟2018—2021年系列报告解析[J].比较教育学报，2022（5）：84-95.

大规模灾害，提高日本社会的人工智能化程度。日本政府还成立了人工智能技术发展战略委员会，直接管理国家级的人工智能研发机构和核心发展中心，计划2030年前在人工智能领域投入87万亿日元。2019年12月，韩国发布《人工智能国家战略》，提出韩国要成为全球人工智能强国的战略目标，并提出未来10年要投入1万亿韩元用于新一代存算一体人工智能芯片研发。2023年12月，韩国发布《机器人产业发展战略》，计划2030年前在机器人领域投资超3万亿韩元，并实现推广使用百万台机器人的发展目标。

大力培养人工智能专业人才。日本《人工智能战略2022》将构建人工智能专业人才培养体系、推动人工智能国际人才交流与科研合作、搭建全球化的人工智能研究教育作为其重要战略目标。在培养人工智能人才方面，日本加大力度强化全民在科学、数理和人工智能方面的素养，要求中小学、高中、大学都要按照一定比例配备负责人工智能教学的老师，确保每位大学毕业生都具备人工智能初级水平、数据分析能力；在吸引人工智能国际人才方面，日本导入了具有国际竞争力的人工智能人才薪酬体系，引入国际通用的IT和信息处理人才认证机制，降低人才引入制度门槛，并不断完善研究人员配套支撑体系以吸引人工智能国际人才到日本工作。[①]韩国也非常重视人工智能人才培养工作，2021年，韩国教育部公布“人工智能教育强化支援计划”，被选定的大学每年可获得2亿韩元的支持，用于开展人工智能课程。截至2023年底，韩国已有10所大学开设了人工智能学院，4所大学开设了人工智能研究中心。

重视人工智能在社会领域应用。由于日本面临少子化老龄化问题，日本希望可以通过人工智能赋能提高社会生产力，非常关注人工智能在制造业、

① 陈肖盈.日本人工智能领域专利发展趋势分析：现实阻力与回应策略[J].现代日本经济，2023（4）：45-55.

医疗保健、自动驾驶、金融服务等社会领域的创新与应用。日本依托传统头部企业，实现了人工智能与传统产业的融合，提升生产力、解决社会问题的目标。韩国也在努力通过人工智能对各行业赋能，计划投入9090亿韩元促进人工智能在福利、卫生、教育等社会领域的应用，以实现人工智能与医疗、看护等居民日常生活的融合。

（六）促进人工智能产业高质量发展形成新质生产力的对策建议

1.强化顶层设计，增强我国人工智能产业的国际竞争力

加强人工智能产业政策的统筹设计，有效促进各部门之间的横向协作以及中央和地方政策之间的纵向联动，建立人工智能产业协调机制，形成政策合力，共同促进我国人工智能产业稳健发展。一是加大对人工智能基础研究和长期性研究的支持力度。鼓励高校、企业、科研机构增加基础研究和长期性重大科研项目的投入，努力构建开放协同的支持人工智能发展的创新体系，提升人工智能原始创新能力和多元融合应用水平，加快实现人工智能基础理论研究的积累和重大核心技术的攻关突破。二是建立政府引导、市场主导的人工智能财税支撑体系。支持各地设立政府人工智能产业投资引导基金，积极引导社会资本和民间资本投向人工智能产业。三是提高对企业数字化转型需求的重视程度。加大对企业进行政策指导和技术、资金支持，提升人工智能与产业链的融合程度，支持各领域龙头企业实现自身产业与人工智能融合发展，开拓人工智能新产品和新的应用场景，塑造我国人工智能品牌效应和国际竞争力。四是支持有条件的地区大力发展人工智能产业。积极引导人工智能企业向具备产业发展条件、配套体系完善的地区集聚，打造具有国际影响力的人工智能产业集群。

2.加强原创研究和源头创新，提升关键技术自研能力

人工智能的基础研究是人工智能研发创新、实现技术突破的基石。目前

有关人工智能的底层技术多由美国龙头企业提出和引领，我国仅有少数企业具备底层技术的自研能力，而美国经过几十年的发展，早已形成了完备的人工智能技术生态。因此，我国应进一步加强基础技术领域的研发投入，着力提升原始创新能力。一是加强人工智能基础理论研究。鼓励高校、科研院所加大对前沿基础理论、底层技术、关键共性技术等人工智能基础领域的研究，争取形成一批原创性的研究成果。促进人工智能基础研究领域以及共性技术方面的校企间、企业间以及跨行业、跨领域的协同创新，共同形成合力攻克人工智能底层关键共性基础。二是加大对“根技术”“原技术”等原始技术创新的支持。支持设立专项研究平台，重点关注基础软件、通用基础模型、基础算法等人工智能通用技术的研发创新。通过税收优惠政策等积极引导企业强化基础计算框架方面的研发投入，争取早日摆脱对国外技术框架的依赖。三是提升人工智能关键核心要素的自主研发能力。人工智能的三大核心要素是算法、数据和计算力，应加强统筹协调和系统布局，可考虑设置人工智能关键核心技术和算法的专项研发基金，支持企业和研发机构增强自主创新能力，加快芯片、硬件设施、数据处理技术、计算模型等核心要素的研发进程，争取早日实现突破和自主可控。

3. 完善人工智能人才培养和人才引进体系

优化人才发展生态，加快完善人工智能人才培养体系。一是深化高等教育体制改革。加强人工智能相关学科建设和专业设置，支持高校和职业院校围绕国家紧缺的人工智能人才需求，科学设立多学科交叉融合的课程体系，加快培养人工智能复合型人才。深化产教融合，推动高质量的校企合作，开展企业职工在岗技能提升和转岗转业培训，推动人力资源实现技能提升。二是加强人工智能人才梯度培养。实施人工智能领军人才、骨干人才、青年人才培养工程，健全人工智能人才评价和激励机制，通过放宽人工智能人才落户限制，实施人工智能人才专项税收抵扣政策、子女入学安置专项政策等措施，支持和鼓励优秀青年人才在人工智能产业发展中勇挑大梁担重任，充分激发人才创新活力。三是实施全球人工智能人才战略。围绕人工智能领域发展前沿，积极引进全球高层次人才。支持高校和研发机构与海外加强人才交流；利用税收补贴、专项补贴等政策，支持企业充分发挥市场机制作用，主动引进海外人工智能高端人才；依托实验室、国际合作项目以及校友会、留学人员平台等各类平台，开展国际人工智能人才引进工作。

4.强化新型基础设施建设，筑牢人工智能发展根基

构建支撑新一代人工智能产业发展的基础设施体系应从算力的高效整合、数据的高质量支撑和促进技术的开放共享等方面入手。一是加快推动算力的互联互通和统一调度。强化顶层设计，研究制定促进算力互联互通的指导意见，统筹建设多层级的算力互联互通平台。促进形成算力标识、数据传输流动、应用架构等环节技术要求的统一和规范。选取具备条件的地区开展算力互联互通应用试点，积极培育算力应用服务机构，充分发挥市场的力量，围绕人工智能算力需求旺盛的行业开展试点应用，以促进逐步实现算力跨区域的调度和服务。二是搭建高质量数据库和数据服务平台。数据是人工智能发展的核心要素之一，为进一步增强人工智能对产业升级的促进作用，应推进数据归集、消除数据孤岛、强化数据的共享和应用，加快构建高质量的数据库和数据服务平台，为人工智能赋能实体经济提供必备的数据支撑。三是促进人工智能技术的开放共享。利用我国新一代人工智能开放创新平台，支持企业在人工智能细分领域以及在农业、制造业、交通运输、教育、医疗、物流等不同行业开展技术创新和应用研发，积极探索市场化的成果转化和应用机制以促进创新成果的技术共享和转化应用。积极发挥政府基金的引导作用，鼓励各类产业基金支持人工智能技术成果转化和产业化应用。四是做好人工智能所需的电力预警和储备。跟踪研究和预判下一步人工智能发展所需的电力供应需求，提前做好电力储备。新建大型、超大型数据中心时，应将电力供应等纳入综合评估因素，优先在电力供应充足的地区建设。

5.推动数据开放开发和流通使用

人工智能时代，数据要素成为新型生产力，人工智能大模型训练高度依赖高质量的数据，健全数据开放共享制度是新时代人工智能产业赢得国际竞争的关键。我国数据要素市场仍处于培育期，数据资源的供给和流通不足，应加快推动数据的开放开发和流通使用。一是强化顶层设计，加强统筹协调。当前数据的监管涉及多个部门，应做好整体规划，建立跨部门的协调机制，促进多部门协同合作，提升数据管理服务能力，共同推动数据要素市场繁荣发展。二是加快推进数据分级分类，夯实人工智能发展数据基础。鼓励各地方政府、行业协会和数据流通交易机构联合，对重点行业和重点应用领域率先开展数据流通和使用的分类分级标准建设。例如，针对某一行业数据的采集、存储、处理和流通等环节，建立全流程可追溯的分类分级体系，以促进尽快形成行业标准或地方标准，为我国构建全国统一的数据分级分类制度提供参考。三是构建全国统一规范的数据交易市场体系。为人工智能企业提供合法、透明、高效的数据交易平台，推动数据要素在境内外的共享、流通和交易，明确数据交易权益的实际归属者，促进数据的合理定价和安全合规交易。四是强化数据安全和隐私保护。建立数据全生命周期的安全闭环管理机制，对重要数据应实行严格监管，加强对个人数据和隐私的保护，将责任落实到数据生成流通的各环节和各相关主体。加快构建自主可控的数据安全防护技术体系，以数据技术安全强化数据安全和隐私保护保障能力。

6.加强政产学研合作，增强人工智能对经济社会的支撑

人工智能产业的发展离不开政产学研用等多方的协同与配合，应构建以企业创新需求为导向的人工智能政产学研合作模式。一是支持高校、科研机构根据企业需求和产业发展对人工智能技术的需求开展科研工作，拓展人工智能技术的应用场景和应用方式，提高人工智能技术应用的广度，推进人工智能与产业深度融合，提升人工智能技术服务实体经济能力。二是积极推进人工智能科研成果转化和应用，搭建人工智能技术和专利供需对接平台，公开发布人工智能创新产品、市场化需求，帮助有关企业和科研机构实现技术到应用的对接和转化落地，充分发挥我国超大规模市场优势，促进人工智能产业化应用落地。三是用好人工智能产业发展联盟和协会等平台，促进相关企业和产业链企业加强合作共同探索，促进传统产业智能化升级改造。四是鼓励有条件的地区在医疗辅助诊断、公共服务、休闲娱乐设施等领域先行先试使用人工智能，切实增强人工智能对经济社会的支撑作用。

7.统筹发展与安全，完善法律法规和伦理规范体系建设

在大力促进人工智能产业发展的同时，应密切关注研判新技术可能带来的社会风险和对经济增长的影响，有效统筹发展与安全。一是在人工智能立法方面，充分学习和借鉴国外人工智能立法动向和进展，结合我国国情，加快推动我国人工智能的立法工作。明确人工智能开发、运营和使用等各法律主体的权利、义务和责任，对信息安全、隐私保护、知识产权保护等和人工智能在不同场景中的权利和义务进行界定，确保人工智能在发展和应用中有法可依。在人工智能立法时还应重视灵活性和预见性，考虑和应对人工智能技术的迅速发展和演变，及时对相关法律文本进行调整和完善，能够适应新变化和新情况。二是在标准和技术规范方面，充分发挥标准对人工智能产业发展的引领作用，推动国家标准和行业标准体系加快形成，为下一步人工智能创新和企业行业合作提供统一的规范和准则，助力技术成果转化和落地应用。三是在人工智能监管方面，明确人工智能技术及应用的使用范围和原则，加强对相关企业和个人的监管以及对有关规范的宣传和解读。建立专门的监测评估机构，对人工智能的发展情况及其对经济社会的影响进行定期的监测和评估，识别和预防人工智能可能产生的不利影响和风险，加强对不利影响进行及时有效控制和纠偏，增强前瞻性解决问题的能力。

8. 深化国际合作，积极参与构建全球人工智能规则体系

扩大开放、深化合作，对于人工智能的发展和创新至关重要，在中美博弈日益加剧背景下，为突围美国对我国的科技限制与打压遏制，更要坚持推动人工智能开放包容的国际合作，继续秉承我国共商共建共享原则，加强人工智能领域的国际合作交流，推动人工智能成为世界经济复苏的新质生产力。一是在人工智能国际舞台不断发出“中国声音”。积极加入全球和区域性的人工智能国际组织或协议，鼓励国内企业和专家积极参与国际标准化工作，支持我国企业积极参与人工智能国际赛事和会议，提升我国人工智能产业的国际影响力。积极推动人工智能国际科技合作和交流，鼓励广泛开展企业、高校、科研院所等非政府主体的人工智能技术领域国际合作交流，共同开展前沿技术研究，实现技术突破和促进应用落地。二是促进人工智能技术全球开放共享。依托我国强大应用市场优势，鼓励本土企业走出去，与全球人工智能头部企业加强技术合作和交流，支持人工智能技术开发企业开放API（应用编程接口），为全球人工智能发展贡献“中国技术”，鼓励全球共享人工智能知识成果，也积极吸引全球创新要素参与我国人工智能技术和产业发展。三是积极参与构建全球人工智能规则体系。积极参与全球人工智能标准体系和治理体系建设，共同推动人工智能行业规范、应用标准、知识产权、数据跨境流动和监管等方面形成国际统一的规范和政策，构建公平竞争的国际环境。围绕数据跨境流动、人工智能治理等重大问题积极探索建立治理规则和规范，加快推进人工智能与行业融合发展的标准体系的建立，推动国内的行业规则规制国际化，为全球人工智能治理贡献“中国力量”“中国智慧”“中国方案”。

二、正在培育期的未来产业——智能网联汽车产业

习近平总书记指出，“我们要成为制造业强国，就要做汽车强国”。当

前全球汽车产业进入百年未有之大变局时期，汽车智能化网联化水平不断提升，智能网联汽车已成为世界公认的汽车产业未来发展的方向和焦点。我国已进入智能网联汽车突围发展的关键期，加速智能网联汽车产业发展是促进汽车消费、扩大内需、推进高水平对外开放和实施创新驱动发展战略的重要载体和突破口。

智能网联汽车是指装载先进的传感器、控制器和执行器等装置，通过融合通信技术和网络技术，实现车与X（X包括车、道路、行人、云等）的智能信息交换和共享，从而具备感知环境、智能决策和协同控制等功能的新一代汽车。与传统汽车相比，智能网联汽车可以实现自动驾驶，还可以与智慧交通基础设施互联互通，从而提高城市交通智能化水平。当前，我国汽车产业正处于转型升级与全球技术变革的交汇期，也是智能网联汽车乘势而上、加快发展的重要窗口期，智能网联汽车是未来产业的重要代表，探讨如何加速我国智能网联汽车产业的发展，对于我国抢占新一轮汽车产业全球竞争制高点、培育发展新质生产力、构建以实体经济为核心的现代化产业体系具有重大意义。

（一）我国智能网联汽车产业发展现状

目前，我国智能网联汽车产业发展势头强劲，已初步形成较为完善的顶层设计和战略规划体系，并在关键技术应用、市场规模、发展模式和国际合作等方面实现了较大突破。

1. 智能网联汽车顶层设计不断完善

近几年，我国着力完善智能网联汽车产业发展的顶层设计和战略规划，已经基本形成发展目标和发展路线明确的产业政策体系。2018年12月，工业和信息化部印发了《车联网（智能网联汽车）产业发展行动计划》，提出推动形成深度融合、创新活跃、安全可信、竞争力强的车联网产业新生态。

2020年2月，国家发展改革委等十一部委联合发布《智能汽车创新发展战略》，提出我国发展智能网联汽车的战略愿景。2020年10月，国务院办公厅印发《新能源汽车产业发展规划（2021—2035年）》，指出新能源汽车推动汽车从单纯交通工具向移动智能终端、储能单元和数字空间转变，促进能源消费结构优化、交通体系和城市运行智能化水平提升。2021年2月，中共中央、国务院印发《国家综合立体交通网规划纲要》，指出要推动智能网联汽车与智慧城市协同发展。2021年12月，交通运输部发布《数字交通“十四五”发展规划》，提出发展车路协同和自动驾驶。

2. 智能网联汽车关键技术日趋成熟

智能网联汽车的系统主要包括感知系统、决策系统、执行系统和通信系统等四大部分，涉及大数据、人工智能、云计算和物联网等多项核心技术。我国智能网联自适应巡航、车道保持系统和自动泊车等技术已在汽车上较为广泛应用，自动驾驶技术更趋成熟。此外，我国凭借5G通信技术优势，在智能网联的车载场景应用上和车联网等相关通信技术方面，与发达国家保持同步甚至领先水平。

3. 智能网联汽车市场规模持续扩大

在技术发展、需求增加、政策支持以及用户认知和接受度不断提高等多因素的共同推动下，我国智能网联汽车呈高速增长态势，市场规模不断扩大。中汽信息科技公司整理的数据显示，我国智能网联汽车产业规模由2018年的660亿元增长至2022年的5975.2亿元，年均增长率达77.8%；L2级别以上智能网联乘用车销量占比从2018年的2.5%提升至2022年的32.4%（见图4-6）；L2级别以上智能网联汽车出口量从2018年的3.5万辆飙升至2022年的124.4万辆，在我国汽车出口中的占比从3%跃至40%。中国汽车工业协会数据显示，2024年上半年，我国具备组合驾驶辅助功能汽车销量占比超50%。美国行业研究机构Mordor Intelligence预测，2021—2028年全球智能网联汽车市场规模最大和增长最快的区域是亚太地区，而中国则是主要推动力。

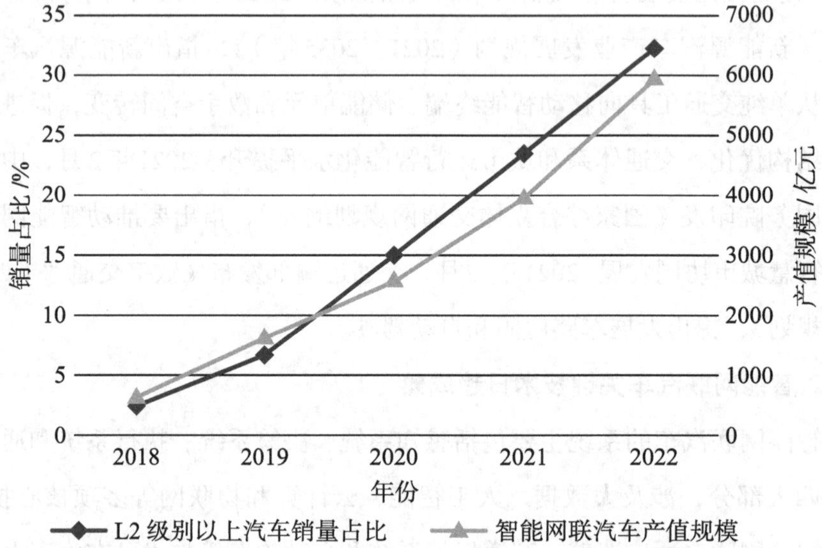

图4-6　2018—2022年智能网联汽车销量及产值规模情况

数据来源：工业和信息化部装备司、中汽信息科技公司、赛迪智库。

4.智能网联汽车发展模式日益完善

当前，“传统车企+头部互联网企业”全方位合作已经成为我国智能网联汽车发展的典型模式。传统车企掌握汽车制造的成熟经验与丰富技术，头部互联网企业在AI、大数据、云计算等智能化领域拥有深厚的研发实力与人才储备，双方合作助推我国智能网联汽车健康发展。例如，2021年1月，百度宣布与浙江吉利控股集团合作组建智能汽车公司，以整车制造商身份进军汽车行业，百度汽车传承百度人工智能、互联网科技、百度地图等核心技术，将在吉利SEA浩瀚智能进化体验架构基础上打造新一代智能汽车。2021年4月，华为与赛力斯集团正式达成合作关系，华为发挥其终端市场和用户需求的大数据基础为赛力斯提供智能电动汽车出行方案，共同为用户提供搭载高阶智能驾驶系统的新款车型。

5. 智能网联汽车国际合作逐渐深化

中国汽车工业协会统计数据显示，2023年我国汽车整车出口达491万辆，首次跃居全球第一。当前，我国暂未专门统计智能网联汽车出口情况，但智能网联已成为我国汽车出口的核心优势和关键卖点，电动化、智能化、网联化是我国汽车出口高速增长的三张王牌。同时，北京小马智行科技有限公司、北京初速度科技有限公司、宁波均胜电子股份有限公司、商汤科技等汽车科技公司加速走出去，为多个国家和地区提供智能驾驶、智能座舱等汽车智能化、网联化服务。而以蔚来、哪吒等为代表的智能网联电动汽车整车品牌则不断优化海外布局，如蔚来定位高端市场、进军欧洲，哪吒则主要面向东南亚市场开展业务布局。

（二）智能网联汽车产业发展面临的制约

当前是我国智能网联汽车产业突围发展、形成新质生产力的关键时期，但也要看到，我国智能网联汽车产业发展在基础建设、法律法规、协同发展、核心技术、安全体系等五个方面还面临诸多挑战。

1. 基础设施建设和管理标准需要加强

当前我国智能网联汽车处于点状示范阶段，适应真实场景还面临几方面困难。一是智慧交通基础设施建设有待加强。随着物联网和5G技术更加成熟，以及人工智能、云计算等新一代技术发展，自动驾驶对道路智能化水平提出更高要求，当前对综合交通信息数据的深层次挖掘和分析应用不足，道路数字化、信息化水平尚不能满足自动驾驶需求。例如，地方交通管理部门和信息系统研发机构缺乏有效沟通，已建成或投入使用的管理系统在信息采集统计等方面尚未实现共享。二是智慧交通基础设施的运营维护有待强化。例如，智慧多功能灯杆是具有照明、视频采集、通信、信息交互、气象预测等多功能复合型的智慧交通基础设施，但由于智慧多功能灯杆服务于市政、通信、交通、气象和城市建设等多个部门，导致其在使用过程中的运营维护上协调难度大，难以形成合力。三是各地自动驾驶管理标准不统一。截至2022年底，全国共有50余个城市开放车联网试点示范，其中，工信部、交通部、住建部、发改委等国家部委推进的示范点共计40余个。但各地关于自动驾驶管理没有统一的标准规范，企业在探索规模化商业运用以及降低运营成本上存在困难，例如在测试牌照申请、测试数据等方面无法实现互认。

2. 国家层面的法律法规有待健全

当前，美国、日本、德国等汽车制造强国都已出台了智能网联汽车产业支持政策，并不断强化法律法规和标准规范建设，例如，美国已有40多个州颁布了自动驾驶相关法律和行政命令，支持自动驾驶的测试与应用。2022年3月，日本内阁通过最新《道路交通法》修正案，允许可远程监管的L4级自动驾驶公交车在公共交通网较弱的地方以指定线路行驶。德国早在2015年9月发布了《智能网联汽车战略》，制定了推进自动驾驶立法的具体措施，2017年5月正式通过了世界上首部针对自动驾驶汽车的法律《道路交通法（第八修正案）》。而我国智能网联汽车相关法律法规相对比较滞后，现有道路交通法规对自动驾驶系统的合法地位、人类驾驶员与自动驾驶系统的责任划分和处置机制、自动驾驶系统的等级评价认证体系和准入机制等都尚无明确的法律规定，正在拟定的与智能网联和自动驾驶汽车相关的政策法规为智能网联汽车的实际运用预留的政策空间有待进一步提升。

3. 企业、行业、国际协同不足

智能网联汽车正处于技术快速演进、产业加速布局关键时期，对协同发展提出更高要求，但当前我国智能网联汽车企业间、行业间以及和国际标准的协同方面有待加强。一是基础研究领域企业同质化竞争较为激烈，缺乏有效协同合作。例如，基本操作系统、高精度地图等核心技术的基础研究需要投入大量研发资金且研发难度高、研发周期长，目前企业各自为战、扎堆研究现象较为突出，导致大量的资金和时间成本投入重复的基础研究工作，且容易引发研发后劲不足、创新性难以提高、行业内卷，不利于实现技术突破。二是国内智能网联汽车行业间标准协同统一仍需时间。在软件、硬件、通信等方面行业尚未形成统一的标准，未来出行生态搭建、智能感知、信息通信、决策控制与执行等方面将较难达成共识。2023年7月，工业和信息化部与国家标准化管理委员会发布了《国家车联网产业标准体系建设指南（智能网联汽车）（2023版）》，指出构建包括智能网联汽车基础、技术、产品、试验标准等在内的智能网联汽车标准体系，并提出到2025年和2030年分阶段建立适应我国国情并与国际接轨的智能网联汽车标准体系。在智能网联汽车全球竞争日益激烈背景下，给我国相关标准的制定和完善提出了更为紧迫的时间要求。三是智能网联相关标准的国际化协同有待提高。我国智能网联汽车的相关标准还在起步规范阶段，如何制定既能符合我国国情又能与欧洲标准、国际标准等高度接轨的标准是未来一段时间的重要任务，若不能兼顾将不利于我国智能网联汽车参与全球竞争。

4.“缺芯少魂”和专业人才缺乏

在汽车芯片方面，我国汽车芯片长期“受制于人”，特别是高端芯片仍需依赖进口。智能网联汽车对芯片的算力和各方面性能要求更高，随着2030年我国智能网联汽车渗透率将从2022年的30%提升至70%，我国智能芯片领域的瓶颈将更为严峻。在操作系统方面，车用操作系统是智能网联汽车硬件和软件的基础，我国汽车操作系统起步较晚，市场份额被欧美产品垄断，如QNX和Linux分别占我国市场份额的43%、35%，我国自主研发的中兴GoldenOS、华为鸿蒙和斑马智行AliOS等操作系统仍在攻关。在专业人才方面，智能网联汽车对互联网、人工智能、信息通信、能源动力等跨学科复合型人才需求大，而当前汽车新型人才需求与高校专业设置匹配度较低，我国关于复合型高科技实用性人才的培养机制尚不完善；此外，车载芯片、汽车研发软件工具等“卡脖子”关键技术领军人才更为紧缺。中国人才研究会预计，2025年我国智能网联研发人才缺口约2.37万人。

5.网络安全和数据安全体系亟待完善

智能网联汽车数据既包括车辆的基础数据和系统的运行数据等，还包括车辆行驶中的位置轨迹等数据，对数据的安全保护提出更高要求。我国智能网联汽车产业迅速发展，但与之配套的网络安全和数字安全监管机制与安全技术保护体系尚未形成。智能网联汽车的网络安全是指车辆、云平台、网络传输、外部设备连接等可能遭遇网络攻击。例如，2022年，丰田汽车因零部件供应商受“勒索软件”攻击，被迫停止日本国内14家工厂的生产运转；本田汽车曾披露本田车型和讴歌车型存在“重放攻击”漏洞，黑客可解锁并短距离启动汽车。智能网联汽车的数据安全主要包括个人安全、社会安全和国家安全三个层面。个人安全是指车主和乘客的个人信息安全，如驾驶人和乘客甚至道路行人的脸部信息、车辆行驶轨迹数据、车载支付数据等泄露将威胁个人隐私安全。社会安全是指在智能网联与智慧交通融合下，公共交通实时到站信息、交通拥堵甚至交通事故情况可通过智能网联实时监测并对交通信号进行优化，若有车辆的智能系统出现故障或被黑客攻击发送虚假信息将影响城市交通体系的正常运行，严重时甚至可能导致交通瘫痪。国家安全是指智能网联汽车行驶中采集的经纬度数据汇集到一定量级就具备地图测绘能力，其外泄将对国家安全造成潜在威胁。

（三）促进智能网联汽车产业加快发展形成新质生产力的对策建议

1.夯实基础，加强智能网联标准、法律法规建设

一是提升智能道路基础设施水平。加快推进基础设施数字化、智能化转型，提高信息的互联互通，促进信息采集和信息管理部门的数据共享。鼓励在港口、机场等多元化测试场景开展自动驾驶测试及示范运用，支持有条件的城市在示范区开通自动驾驶车辆共享服务，将示范区验证成熟的技术、政策逐步推广使用。二是着力构建智能网联汽车标准体系。充分发挥行业协会作用，推动建立跨行业跨领域的工作协同机制，加快推进智能网联相关标准体系建设，提高标准制定工作的开放性和透明度，促进在关键领域与国际标准接轨，形成科学合理、符合我国国情并与国际高度接轨的智能网联汽车标准体系。三是加快推进智能网联相关法律法规建设。为抢抓全球智能网联汽车产业发展机遇，适应未来无人驾驶和有人驾驶混行的交通新形势，应提前加强顶层设计，推进国家层面智能网联汽车相关法律法规制定，尽快明确无人驾驶的法律主体资格，研讨针对不同场景下的责任承担和管理问题。在制定政策时，应充分考虑智能网联汽车高速发展的需求、为将来的技术发展预留足够政策空间。同时，还需规范统一各地智能网联汽车测试管理政策，推动相关数据、测试结果跨省互认，例如统一全国测试申请标准、建立跨地区牌照互认机制等。

2. 多措并举，推动智能网联汽车关键核心要素突破

一是加强智能网联汽车基础研究领域的企业协同。加强统筹谋划，促进基础研究领域及共性技术方面的企业间协同合作以及跨行业、跨领域的融合协作，促进产业联动和协同创新，扭转单打独斗的局面，形成高校、科研机构和企业共同创新研发的强大合力，多措并举合力攻克智能网联汽车底层关键共性技术。二是提升关键核心要素的自主研发能力。加强政策引导和支持，考虑设置智能网联关键核心要素如芯片、操作系统等专项研发基金，强化自主创新，加快高端芯片、操作系统等智能网联汽车核心要素国产替代研发进程，采取揭榜挂帅、重点培育龙头企业等方式，激发创新活力，争取早日实现突破。三是推动更高水平对外开放和国际合作。选择优势地区建立芯片离岸制造中心，加大政策支持，吸引全球芯片先进产能落地；依托我国强大市场优势，鼓励本土企业走出去，与全球头部企业加强技术联合，以实现技术突破。四是强化专业人才支撑。深入实施人才强国战略，构建全方位、多层次智能网联复合型人才培养体系，加大高校和高等职业教育在专业设置和课程设计上的改革力度；推动高水平、高质量的校企合作，定向培养掌握交叉学科专业知识的智能网联复合型人才；推进学徒试点项目，通过税收优惠、培训补贴等多种形式，鼓励企业积极参与专业技能人才培养。

3.强化安全，健全网络安全和数据安全保障体系

加快构建智能网联汽车网络安全和数据安全标准体系，有效防范智能网联汽车网络攻击和数据泄露风险。一是在加强智能网联汽车网络安全防护方面，推动技术措施建设与完善，智能网联汽车企业在产品设计阶段应高度重视网络安全、建立完整的安全体系和防护措施；推动建立网络安全产品和应用监管体系，支持网络安全防护产品的联合研发和使用，汇聚行业协会和企业等各方力量共同强化汽车网络安全的运行监管。二是在加强智能网联汽车数据安全治理方面，强化数据安全的合规引导，加快制定围绕汽车生命周期和数据生命周期的数据安全法律法规，对重要数据实行严格监管制度，强化对个人数据和个人隐私的保护和判定，以及个人知情权的制度重构，加强监管技术手段和技术的研发及推广应用，完善高精度地图管理机制和数据策略；推动智能网联汽车企业建立健全数据安全保护机制、数据共享机制和应急响应机制；出台智能网联汽车数据流通管理规范，建立数据采集统一方案、数据管理标准，实施数据分级管理，在保障数据安全的情况下促进数据共享使用。

第五章　世界主要经济体的未来产业布局

未来产业代表新一轮科技革命和产业变革方向，也是新质生产力的集中体现。为赢得未来产业发展先机、抢占世界科技和产业竞争制高点，美国、欧盟、英国、日本等世界主要经济体纷纷依托自身主导产业、战略性新兴产业以及前沿优势技术，对未来产业进行战略部署，从顶层设计、资金支持、人才培育、基础设施等多方面强化对未来产业的支持，全力谋求全球未来产业领导权。基于此，本章分析梳理现阶段世界主要经济体在推动未来产业发展中的一些战略举措和具体做法，研究其对我国未来产业布局的借鉴意义。

一、美国的未来产业布局及对我国的启示

作为全球科技创新领先国家，美国全面部署未来产业，从国家战略、资金支持、人才培育、基础设施等维度强化支持，努力维护其全球未来产业领导权。目前，美国在未来产业的发展方面取得了显著进展，在多个领域处于全球领先地位。美国是全球人工智能研究和应用的主要中心，拥有诸如谷歌、微软、OpenAI等顶级人工智能公司和研究机构；在生物技术方面，美国在基因编辑、疫苗开发和生物制药等领域均处于行业领先地位，率先进行CRISPR基因编辑技术的开发和应用；美国在商业航天领域也取得了重大进

展，SpaceX的可重复使用火箭技术推动了航天成本的显著降低。

（一）美国在未来产业的主要战略部署

美国将未来产业作为国家支持的重点方向，在战略上为未来产业提供了清晰的指引和支持（见表5-1）。一是制定未来产业发展的战略目标。2019年2月，美国发布《美国将主导未来产业》，标志着美国首次将未来产业确立为国家战略，明确未来产业在国家发展中的地位和作用，并陆续制定相关产业发展的战略目标，锚定其发展目标。例如，美国陆续出台了《国家人工智能研发战略计划（2023年更新版）》《国家微电子研究战略》等战略性文件。二是明确关键与新兴技术的标准。美国通过发布和更新《关键和新兴技术清单》，强调全球标准制定对美国竞争力的重要性。2024年2月，美国国家科学技术委员会发布新一版《关键和新兴技术清单》，列出了包括先进计算、先进制造、人工智能、半导体与微电子等共18类关键和新兴技术领域。三是为未来产业的发展提供了具体的路线图。例如，2023年10月，美国核科学咨询委员会发布《发现新时代：2023年核科学长期计划》，为未来十年推进国家核科学研究计划提供了路线图。2023年11月，美国国土安全部网络安全与基础设施安全局发布首份《人工智能路线图》，旨在确保人工智能安全开发和实施。

表5-1　美国在未来产业前沿技术相关领域的主要部署

发布年份	发布主体	文件名称	部署领域/具体措施
2024	美国国家科学技术委员会	《关键和新兴技术清单（更新版）》	先进计算、先进制造、人工智能、半导体与微电子等共18类关键和新兴技术领域
2023	美国行政管理和预算局、科技政策办公室	《2025财年联邦研发优先领域备忘录》	负责任的人工智能、微电子、生物技术、量子信息科学、先进材料、高性能计算和核能

续表

发布年份	发布主体	文件名称	部署领域/具体措施
2023	美国国家科学院	《国家智能制造计划选项》	人工智能、机器学习、传感、人机协同驾驶
2023	美国国土安全部	《人工智能路线图》	人工智能安全
2023	美国核科学咨询委员会	《发现新时代：2023年核科学长期计划》	核能、量子色动力学、核天体物理学
2023	美国国防高级研究计划局	《公用事业规模量子计算系统计划》	量子计算
2022	美国白宫	《国家生物技术和生物制造计划》	新生物技术，生产农业、医学和健康
2022	美国行政管理和预算局、科技政策办公室	《2024财年预算的多机构研发优先事项备忘录》	可信的人工智能、量子信息科学、先进通信技术、微电子、纳米技术、高性能计算、生物技术和生物制造、机器人、先进制造、金融技术、海底技术和空间技术
2022	美国白宫	《国家生物技术和生物制造计划》	生物、新能源
2022	美国国会	《芯片与科学法案》	先进半导体和封装技术
2022	美国国家标准与技术研究院	《先进制造技术路线图计划》	太空制造、先进结构材料、量子技术、5G/6G通信
2021	美国行政管理和预算局、科技政策办公室	《2023财年预算的多机构研发优先事项备忘录》	人工智能、量子信息科学、先进通信技术、微电子、高性能计算、生物技术、机器人技术和空间技术
2021	美国总统科技顾问委员会	《未来产业研究院：美国科学与技术领导力的新模式》	设立未来产业研究院，布局人工智能、量子信息科学、先进制造、生物技术和先进通信网络五大领域
2021	美国国会参议院	《无尽前沿法案》	先进软件、计算机硬件、量子信息、先进制造、通信技术、生物技术、数据、新能源

续表

发布年份	发布主体	文件名称	部署领域/具体措施
2021	美国国家科学基金会	《美国国家科学基金会未来制造业资助项目》	未来网络制造业研究、未来生态制造业研究、未来生物制造业研究
2020	美国两党参议员	《2020年未来产业法案》	人工智能、量子信息科学、生物技术、下一代无线网络和基础设施、先进制造、合成生物学
2020	美国行政管理和预算局、科技政策办公室	《2022财年研发预算优先事项和全局行动备忘录》	人工智能、量子信息、先进通信网络、先进制造、未来工业相关的未来计算生态系统、未来工业相关的自主驾驶和远程驾驶
2019	美国行政管理和预算局、科技政策办公室	《2021财年政府研发预算优先事项备忘录》	为未来工业提供动力的技术、人工智能、量子信息和计算的基础研究和应用研究；先进通信网络和自动化技术，智能制造、数字制造和工业机器人等先进制造技术
2019	美国白宫科技政策办公室	《美国将主导未来产业》	首次将未来产业作为国家战略，重点发展人工智能、先进制造、量子信息和5G

（二）美国支持未来产业发展的主要举措

1.加大对未来产业的资金支持

美国政府通过制定相关法案和预算，加大对未来产业的投资和资金支持，大力支持未来产业的发展。一是在研发预算重点备忘录明确提出增加未来产业相关领域的预算。美国在2021—2025各财年研发预算重点备忘录中，均明确表示将重点投入人工智能、量子信息科学等未来产业领域。二是颁布相关法案授权对未来产业相关项目的拨款，促进相关技术和产业的快速发展。近年来，美国陆续通过《美国国家科学基金会（NSF）未来法案》《无尽前沿法案》《芯片与科学法案（2022年）》等法案，拨款超过5000亿美元用于人工智能、半导体、量子计算、先进通信、生物技术和先进能源等基础和先进技术的研究。2024年3月，美国商务部根据《芯片与科学法案》计划向英特尔提供高达85亿美元的直接资金和最高110亿美元的贷款资金，以加强美国在半导体制造领域的领导地位。

2.强化未来产业所需人才储备

确保未来产业持续发展的关键之一是加强专业领域人才培养，建立强大的人才储备。在此方面，美国采取一系列措施来培养和吸引优秀人才，以应对未来产业发展的挑战和机遇。一是吸引全球人才流向美国。通过开放的移民政策和优厚的待遇，吸引来自世界各地的高端人才来美国工作和生活，为未来产业的发展提供人才支持和智力资源。2021年以来，拜登政府一直在积极调整和加强其政策，以吸引全球科技人才，特别是科学、技术、工程和数学（STEM）领域的专家到美国学习和工作。这些政策包括"早期职业STEM研究计划""STEM学科领域更新""国家利益豁免移民指导"等，通过降低赴美、移民门槛等措施加强对来自国外的受过高等教育和技术娴熟的STEM人才的吸引力。二是注重本土人才的培养。通过提供优质的教育资源和职业培训机会，培养和造就更多具备未来产业所需技能和素质的本土人才，为未来产业的发展注入源源不断的人才力量。例如，2022年12月，白宫科技政策办公室通过制定和发布"美国太空服务、装配和制造实施计划"，加强太空领域成熟STEM人才的培训和供应；2023年2月，国防部推出了"科学技术保护基础知识"课程，为国防系统人员提供最前沿、最权威的技术知识培训，以增强其技术保护能力；2024年1月，美国人事管理办公室首席人力资本办公室发布了《人工智能、人工智能赋能和其他关键技术员工的薪酬灵活性、激励性薪酬、休假和劳动力灵活性计划》，指导各机构采取灵活措施培育和留住人工智能相关人才。

3.完善新型基础设施建设

美国在推动未来产业发展中采取了强化新型基础设施建设的重要举措，从而为未来产业的快速发展奠定基础。一是围绕未来产业重点方向发展新型基础设施，引导重大科技基础设施服务未来产业，深化设施、设备和数据共享。根据《美国将主导未来产业》报告提供的指导意见，人工智能、先进制造、量子信息科学技术和5G四个关键技术领域被视为优先发展的与新兴技术相关的基础设施。2023年，美国发布《国家先进封装制造计划愿景》，提出要加大关键基础设施研发投入，建立先进的封装试点设施，加快封装、设备和工艺开发创新向制造业的转移，形成匹配国内芯片制造规模的封装源动力，提高半导体产业供应链的安全性。二是推进信息基础设施服务新型基础设施。美国持续推进移动通信网、固定宽带网、空间信息、新型数据中心等信息基础设施重点领域建设，为新型基础设施建设、运营和安全提供技术保障。2020年发布的《2022财年研发预算优先事项和全局行动备忘录》提出，优先投入人工智能的基础设施建设，建立未来工业相关的未来计算生态系统。在2021年11月生效的《基础设施投资和就业法案》中，美国强调在电网和宽带网络等基础设施建设领域进行最具战略性和最有效的投资。2023年1月，美国战略与国际问题研究中心发布了《争取美国在下一代网络领域领导地位的战略要务》，强调5G和下一代无线技术的部署对未来创新的重要性。

（三）美国的未来产业布局对我国的启示

1.加强区域创新体系布局建设

未来产业的蓬勃发展离不开区域创新的支撑。在以国内大循环为主体、国内国际双循环相互促进的新发展格局下，区域创新是一个关键变量。结合城镇化进程，统筹大城市、中心城市、小城市和都市圈（群）等不同维度的创新区位/集群，发挥科技创新对高质量发展的引领辐射作用，建立现代化经济体系，促进供给体系质量提高与效率提升。在国家区域重大战略和区域协调发展战略的引领下，充分利用科技创新的区域梯次分布特征和扩散推移规律，聚焦打造具有全球影响力的科技创新中心，立足各地先天条件和资源禀赋，探索差异化、科技创新导向的发展路径。

2. 推动国际未来产业科技合作

国际科技合作既是以科技创新应对全球共同挑战、推动构建人类命运共同体的必由之路，也是我国提升科技创新能力、加快实现高水平科技自立自强的重要途径。鼓励科研机构及企业参与国际科技分工合作，特别是在基础研究、人才培育和标准制定等方面拓展合作深度，提升我国在相关领域的话语权。依托北京、上海、粤港澳大湾区等国际科技创新中心，加强与“一带一路”沿线国家、《区域全面经济伙伴关系协定》（RCEP）成员国家、金砖国家之间的国际科技合作。支持围绕未来产业重点科技领域设立国际科技组织，搭建未来产业国际科技交流平台。

3. 完善和加强科技基础设施建设

我国具备原创科学思想和科学设计、世界领先甚至独创独有的重大科技基础设施数量较少，关键技术的源头仍然受制于人，为此，应发挥体制优势，集中力量，加快前瞻布局建设技术领先、运行高效、创新有力、综合效应显著的国家重大科技基础设施体系。围绕未来重点科技领域建设一批重大科技基础设施，加快推动原始创新突破。建设世界一流大科学装置集中区，推动综合性国家科学中心建设，支持国家重点实验室体系重组，打造具有国际影响力的“航母级”创新平台。推动未来技术转化和工程化，增强重大科技基础设施建设溢出效应，引领并带动未来产业创新发展。

4. 强化以企业为主体的创新模式

未来产业强调以市场需求为导向和多机构合作参与，应搭建市场应用与国防等重大需求的桥梁，加强与重点科技创新企业、大学和科研院所合作，让市场创新力量深度参与面向国家重大需求的颠覆性技术研发。完善产业金融、科技咨询、科技培训等服务体系建设，健全科技研发、成果转化、中试和量产应用全过程的未来产业科技转化链条。发挥政府、高校、科研院所、企业、投资机构等多元主体的优势，在技术创新、产品研发及人才培育方面进行分工协作与优势互补。助力形成“基础研究+技术攻关+成果产业化+科技金融”的未来产业培育链，支持多元主体共同参与的未来产业科技治理。

5.大力培育和引进未来产业人才

围绕未来产业重要科技方向，优化高校学科专业体系，推动新工科、新医科、新农科建设，鼓励通过“校企合作”“产教融合”“产研融合”等方式培养未来产业科技人才。探索构建适应未来产业科技创新需求的多层次的人才培养体系，通过高校、科研机构与企业合作、订单式人才培养、面向全球引进等模式，保证科技创新和未来产业发展的人才供给。面向国家战略性重大科技攻关任务，实施“揭榜挂帅”“赛马”等更灵活、高效的选人用人制度，激发创新主体活力，以推动基础研究、底层技术、颠覆性技术突破为导向，培养和引进具有世界前沿水平的学科带头人。建立健全人才评价制度和柔性人才引进机制，形成合理的促进科技创新和未来产业相关人才流动机制，为国际交流合作创造便利条件和配套环境，以科技人才带动科技创新，提升科技创新内生动力。

二、欧盟的未来产业布局及对我国的启示

欧盟十分重视科技创新和前沿产业的发展，2019年发布《加强面向未来欧盟产业战略价值链报告》，正式划定未来产业六大关键领域，试图重振制造业并再次引领全球工业发展潮流。目前，欧盟已形成具有区域产业特色的

未来产业优势发展格局，以瑞典为首的北欧国家在制药、可再生能源、低碳技术等领域形成发展优势；荷兰、爱尔兰、德国、法国、捷克等中西部成员国在微电子、人工智能、量子计算等领域具备先进技术优势，其中德国慕尼黑已建成量子产业群，爱尔兰成为欧洲大数据中心；意大利、卢森堡等国则依托传统制造业基础转向发展高端制造业。

（一）欧盟在未来产业领域的主要战略部署

欧盟未来产业总体战略布局体现系统性、层次性和协同性。欧盟以产业政策和产业投资计划作为抓手，明确和引领未来产业的布局重点和价值取向，在未来产业总体规划框架下，对细分的重点未来产业和前沿科技制定具体政策，先后在人工智能、量子技术、自动驾驶、生物科技、低碳技术、氢技术、新一代通信等领域布局（见表5-2）。欧盟通过各层次的法规、规划、政策等文件统筹产业发展各环节，带动欧盟政府机构、成员国政府、企业和社会多方面参与，为未来产业发展打造开放、包容的产业生态系统和创新生态系统。

表5-2　欧盟在未来产业领域的主要部署

发布年份	文件名称	部署领域/具体措施
2024	《“地平线欧洲”战略计划（2025—2027年）》	可再生氢和其他可再生能源；预算955亿欧元，应对气候变化、生物多样性丧失、数字化转型和人口老龄化等关键全球挑战，推动欧洲的科学研究和技术创新
2024	《人工智能创新一揽子计划》	支持欧洲初创企业和中小企业在人工智能等领域的创业和创新，推动欧洲可信赖的人工智能的发展，并确保人工智能技术能够服务于人
2024	《净零工业法案》	环保和可再生能源；从技术、金融、教育和培训等方面给予支持，助力欧盟实现其气候目标，并巩固欧洲作为工业绿色技术领导者的地位

续表

发布年份	文件名称	部署领域/具体措施
2023	《欧洲量子技术宣言》	11个欧盟成员国联合签署，旨在通过加强合作与协调，推动欧洲量子技术的研发和应用，建立全球领先的量子技术生态系统，使欧洲成为全球量子技术的创新中心
2023	《芯片法案》	计划调动430亿欧元的公共和私人投资用于支持芯片生产、试点项目和初创企业，加强半导体领域的研发和创新，增强欧洲半导体行业的竞争力和弹性，推动欧洲在半导体领域的自主创新
2023	《Web 4.0和虚拟世界倡议》	利用先进的人工智能、环境智能、物联网、可信区块链交易、虚拟世界和扩展现实技术，引领全球互联网技术的新一轮变革
2022	《欧洲创新议程》	环保、数字化、能源转型、供应链安全；旨在推动欧洲在新一轮深度技术创新和创业浪潮中处于前沿地位，并加强欧洲在全球创新领域的领导地位
2021	《工业5.0：迈向可持续、以人为本、富有韧性的欧洲工业》	人机交互、生物技术和智能材料、数字孪生与模拟、数据传输、存储和分析技术、人工智能、能源效率、可再生能源、能源存储和自主技术；强调人机协同合作和人的主导地位，同时注重社会可持续发展和环境保护
2021	《欧洲新工业战略》（更新版）	关键原材料、电池、活性药物成分、可再生能源、半导体和云计算、边缘计算技术；确保欧盟的工业雄心，推动其向更可持续、更数字化、更有韧性和更具有全球竞争力的经济转型
2021	《“地平线欧洲”战略计划（2021—2024年）》	健康、航天、能源、交通、数字化、工业、食品、生物经济、自然资源、农业与环境、公民安全、文化与包容性社会；旨在通过技术创新和研发推动欧洲的可持续发展
2020	《欧洲新工业战略》	机器人技术、微电子技术、高性能计算和数据云基础设施、区块链、量子技术、光子学、工业生物技术、生物医学、纳米技术、制药、先进材料和技术；旨在通过绿色和数字化转型，增强欧洲的全球竞争力

续表

发布年份	文件名称	部署领域/具体措施
2020	《欧盟氢能战略》	通过扩大可再生能源制氢的应用，推动欧洲向气候中性目标迈进；提出到2050年，氢能在欧洲能源结构中的份额预计将从不到2%增长到13%~14%
2020	《塑造欧洲数字未来》	涵盖了从网络安全到关键基础设施、数字教育到技能、民主到媒体的所有内容，旨在通过数字化转型推动欧洲经济社会的全面发展
2019	《加强面向未来欧盟产业战略价值链报告》	自动驾驶、氢技术及其系统、智能健康、工业互联网、低碳产业、网络安全；提高欧盟面向未来的六大战略性产业领域的竞争力和全球领导地位

（二）欧盟支持未来产业发展的主要举措

1.锚定成员国未来产业的发展方向

欧盟委员会（以下简称欧委会）基于欧盟产业基础和技术优势，从战略层面满足欧盟发展目标和条件的未来产业，制定产业发展框架并确保成员国的产业发展方向一致，以形成未来产业的区域优势。一是协调成员国与欧盟的未来产业发展目标一致。近年来欧委会发布了多项未来产业战略文件，集中在先进材料、可再生能源技术、生物技术、人工智能、半导体、智能计算6个领域。2021年欧盟出台《欧洲新工业战略》（更新版），明确了保障欧洲战略自主权的6个未来产业重点领域，包括关键原材料、电池、活性药物成分、可再生能源、半导体和云计算、边缘计算技术。欧委会通过指令和协定推动成员国将欧盟未来产业的发展目标纳入本国发展规划，促使成员国将欧盟的框架性法规转换为国内法。欧盟还以法律形式直接在所有成员国实施未来产业政策。例如，2019年欧委会发布《清洁能源一揽子计划》以推动成员国加快能源转型，制定了多项可再生能源指令和法规，包括建筑能源绩效指令、可再生能源指令、电力指令等，并给予成员国1~2年时间将指令转换为国内法。再如，2024年5月欧盟通过的《净零工业法案》提出到2030年，欧盟要在本土制造净零技术产品达40%。2024年4月，欧盟成员国通过了《欧洲太阳能宪章》，优先发展欧洲净零工业的重点——太阳能光伏产业，完善欧洲太阳能光伏产业的供应链。二是推动成员国加快制定未来产业政策。为推动成员国加快制定未来产业政策，欧委会向成员国提供多种政策制定工具，以改善成员国未来产业政策碎片化的现状。政策制定工具包括建立专管部门、提供欧盟未来产业信息、设立未来产业相关论坛、汇聚公私合作伙伴提供政策咨询等措施。例如，2024年2月发布的《人工智能创新一揽子计划》提出将设立欧委会人工智能办公室，负责协调和制定欧洲层面人工智能政策。欧委会还通过“欧洲创新理事会论坛”的政策咨询推进成员国间政策经验交流和优秀政策传播，并设立一套评估初创公司、规模企业和技术创新的指标，以支持成员国和区域层面针对科技生态系统的分析。

2.完善未来产业生态系统建设

完善的产业生态系统驱动产业稳健发展。欧盟重视对未来产业生态系统的建设，以系统思维统筹未来产业上下游各个环节的相互影响，瞄准关键环节突破制约未来产业链的障碍，提升未来产业生态结构的协同发展。一是加强产业链生态系统的建设。以可再生能源为例，欧委会出台文件覆盖可再生能源的生产、运输、储存、使用和商业化等环节，并针对薄弱的需求侧提供最多支持。例如，2020年出台的《欧盟氢能战略》要求公共部门增加氢能使用需求，欧委会和成员国政府规划欧洲氢能基础设施运输网络计划，制定减少氢能基础设施市场准入障碍的监管规则。二是培育区域性未来产业集群优势。欧盟以比较优势为基础，综合不同地区的创新能力和资源禀赋，建设互联的区域性未来产业集群。2024年3月，21个欧盟成员国签署《欧洲量子技术宣言》（2023年12月首次发布），承诺将建设量子能力集群协调网络，根据成员国的目标和优势分别负责量子技术生态系统的不同部分。

3. 增强企业发展未来产业的主体作用

欧盟在未来产业领域的大型科技企业数量少于中美，且欧洲科技企业的全球市场份额相比中美较低。为激发企业研发创新和商业化动力、增强企业在未来产业发展中的主体作用，欧盟从资金、技术、营商环境多方面加强对企业的支持。一是拓宽科技企业融资渠道。2014年，欧委会和欧洲投资银行集团合作推出“创新融资——欧盟为创新者融资”计划，旨在为风险更高、融资难度更大的初创企业和小企业以贷款、担保和股权形式直接提供融资。欧洲投资银行将于2027年前投入55亿欧元支持突破性创新技术，同时欧委会将召集养老金、保险和主权财富基金等大型机构投资者的领导人讨论增加风险投资项目。二是加大资金支持。2023年6月，欧委会通过欧洲共同利益重要项目（IPCEI）投入220亿欧元用于芯片项目补贴。2023年12月，IPCEI新增下一代云基础设施和服务投资项目，将对云计算和边缘计算技术投入12亿欧元公共资金，并进一步刺激14亿欧元的私营部门资金投资中小企业19个相关技术项目。三是推动公私部门合作攻关技术难题。面对未来产业关键领域的技术难题，欧委会在公私部门合作伙伴框架下组建产业联盟，例如针对半导体和处理器的公私合作伙伴关系以及针对工业数据、云服务和边缘计算的公私合作伙伴关系。

4. 打造友好的营商环境

欧盟认为监管政策不应该成为阻碍科学技术创新、转化的障碍，面对有争议的前沿技术应在监管和创新中寻求平衡。一是发展单一市场。单一市场为产业发展创造一个人员、货物、服务等资源自由流通的无障碍市场。自2015年以来，欧委会在产业战略文件中多次提及建立适应数字化时代的单一市场，主要措施包括审查和减少各国阻碍未来产业技术准入市场的监管壁垒、加强成员国间市场监管互认、推动标准化体系的现代化建设。2024年2

月，欧委会发布《2024年单一市场和竞争力报告》，再次强调在快速变化且充满挑战的全球地缘政治背景下，单一市场仍然是欧盟的最大优势。二是采取包容的沙盒监管政策减少市场壁垒。欧盟通过采取包容的沙盒监管政策和优化、创新监管法规鼓励技术创新。引进沙盒监管模式有利于政府在安全范围内发现前沿技术的合规风险，也有利于前沿技术增扩应用场景。欧盟多项未来产业总体规划战略提及对前沿技术采取沙盒监管模式。例如，针对有争议的人工智能技术，欧委会在首部《人工智能法案》中引进风险分类管理制度，明确划分政府和企业对人工智能技术的责任，以最大限度减少技术监管障碍。

5.培育未来产业人才队伍

人才资源为推动未来产业发展提供智力支撑。欧盟主要从人才培养、人才吸引和流通、留住人才三方面解决欧洲创新人才和科技人才短缺问题。一是培养未来产业所需人才。欧盟通过提供劳动力市场信息推进成员国制定国家技能战略、推动欧洲技能框架纳入未来产业人才需求、开设新学科课程、提升各级教育工作者的科技素养、提供未来人才实习实践机会、开发受政府和雇主认可的欧洲数字技能证书、为科技教学提供知识指南、举办欧洲人才博览会等措施加强未来人才培养和储备。此外，欧盟还鼓励企业、教育机构设计面向社会的开放科学课程为劳动力提供更多终身学习机会，通过开发新欧洲通平台、个人学习账户、微证书短期学习项目建立学分银行。在终身学习基础上，欧盟推动社会对转型劳动力的认证。例如，《欧盟委员会关于促进终身学习和就业能力的微证书的建议》将微证书项目纳入资格评定框架中，以加强社会对劳动力再教育的认同。二是吸引和流通区域内跨国未来人才。为应对未来人才短缺问题，欧盟提出加强区域内跨国未来人才的流通以帮助各区域实现未来产业发展目标。在《欧洲大学战略》框架下，“伊拉斯谟+”项目推动大学和政府机构开发一个欧洲联合学位标签的学位互认合作机制。该项目还提出欧洲学生卡倡议，即设置一个专属的欧洲学生标识以方便学生在欧盟区域内跨国流动。欧委会还将定期评估和改进高等教育、高中教育、培训资格和国外交换学习成果自动互认的情况。为吸引国际未来人才，欧委会计划和成员国、企业合作建立一个人才库，帮助欧洲企业寻找国际人才。欧盟还修订了蓝卡制度，给予更便利的条件吸引、留住非欧盟未来人才。三是改善未来人才工作环境。欧委会出台多项措施留住未来人才，具体包括建立专门工作组探寻、交流清除制约欧洲职工股票期权应用障碍的最佳做法，设计促进科技创新性别平等计划提高科研领导层女性占比，通过全民数字素养计划提升社会对未来人才的认识。

（三）欧盟的未来产业布局对我国的启示

1. 统筹协调区域间未来产业的发展政策

坚持全国一盘棋，明确我国未来产业的重点领域和区域布局，引导各地结合自身产业基础和资源禀赋，合理规划、精准培育和错位发展未来产业。当前，一些东部沿海经济强省已出台未来产业政策或正在大力发展未来产业的细分领域，应细化重点未来产业在不同区域的发展领域和方向，围绕产业链布局创新链。培育发展未来产业，以产业生态系统思维因地制宜制定各地区未来产业的发展重点，打出我国未来产业的“组合拳”。充分考虑未来产业培育周期较长特性，系统性搭建未来产业科技发展框架，建立长期支持机制，指导地方政府、企业和研究机构在未来产业领域的投资和行动，促进产业升级和技术创新。研究建立全国未来产业数据库、设计未来产业政策评价体系，建立未来产业政策交流机制和政企咨询平台，促进未来产业发展。

2. 培育区域性未来产业集群

整合企业、高等院校、科研机构、民间组织等科研力量攻关前沿科技难题并试验前沿科技的转化路径。面向社会公开征集前沿技术解决方案和新技术转化方案，加强国内外科研队伍的交流与合作。当前，我国面向未来产业的研发依赖政府资金投入，公私部门合作的产业基金、风险投资较少。应构建多元化融资平台，汇集政策性资金和社会资本投入未来产业基础研究。例如，建立公私部门合作的未来产业投资基金，以公共部门资金引领社会资本增加关于未来产业的风险投资项目，设计未来产业的多种金融产品吸引社会资本。鼓励各地按产业优势组建未来产业联盟，建立区域互联的重点未来产业示范区，为未来产业示范区提供政策、人力、资金等资源倾斜。

3. 优化未来产业市场环境，激励企业发展未来产业的主体活力

建设包容有序的未来产业监管环境。参考国外对前沿技术研发、应用、商业化的监管政策，在未来产业示范区优先试验开放包容的监管政策，建立政府主导、经营主体参与未来产业监管环境的合作机制，为政府减少监管壁垒和管理技术风险提供建议。加强调研科技企业发展未来产业的现状，关注初创企业、中小企业的资源短缺问题，搭建中小企业和大型科技企业的合作平台，增强大型企业对中小企业的产业链带动作用。增加创新券、算力券、税收减免等政府补贴直接惠及企业，放宽企业获得政府补贴的条件限制。增设针对未来产业的政府评选资源，筛选一批优质企业提供精细的政企服务。调动公共部门增加采购未来产品的需求，探索未来产业和前沿技术在公共服务领域的应用场景。公私部门合作加大宣传未来产业，提升市场对未来产业的认知度和接受度，激发市场对未来产业的需求。

三、英国的未来产业布局及对我国的启示

为赢得未来产业发展先机、抢占世界科技和产业竞争制高点，英国在未来产业领域陆续进行了多方面战略部署，为促进未来产业发展开启了顶层规划、科研投资、人才培育、基础设施、发展氢能等具体支持，力图使英国成

为全球创新中心。

（一）英国在未来产业领域的主要战略部署

英国政府为支持未来产业的发展，作出了一系列战略部署（见表5-3），进行了全面的顶层规划和布局。一是明确英国未来产业发展战略和重点。2017年底，英国商业、能源和工业战略部发布了《产业战略：建设适应未来的英国》白皮书，指出人工智能、清洁增长、未来交通运输和老龄化社会是英国未来面临的四大挑战，并以此布局未来产业的发展。2020年6月，英国政府发布的《未来科技贸易战略》提出增加技术投资和大力吸引外资投向5G、工业4.0、光子学等新兴产业。2021年1月，英国人工智能委员会发布《人工智能路线图》，为政府部门设定人工智能长期目标并提出近期发展方向建议，呼吁政府制定国家人工智能战略，明确优先发展领域并制定时间表，以使英国成为最适合人工智能发展的国家之一。二是加大对未来产业的支持。2019年5月，英国政府发布《国际研究和创新战略》，该国际合作战略把科研和创新放在英国产业战略的核心，力图使英国成为全球创新中心，支持建立新的全球化企业。2022年3月，英国研究与创新署发布的《2022—2027年战略：共同改变未来》是英国为实现打造全球科技超级大国和创新国家目标而制定的第一个五年战略。该战略文件提出了构建卓越科研体系的世界级战略目标，并明确了应采取的优先行动事项，旨在通过科研与创新推动国家未来的发展与转型。三是将人工智能产业作为英国未来产业重点布局的领域。2021年9月，英国政府发布《国家人工智能战略》，旨在指导未来10年的行动，促进人工智能的商业应用，吸引国际投资，培养下一代科技人才，使英国成为全球人工智能超级大国。2023年3月，英国发布《支持创新的人工智能监管方式》，提出其基于原则的人工智能治理方法，以为企业和群众对人工智能的使用提供信心，为行业提供具有确定性、一致性的监管方法。2024年3月，《人工智能（监管）法案》进入“二读”阶段，该法案旨在建立专门的人工智能部门对人工智能市场进行管理，同时强调人工智能系统的透明度要求。

表5-3 英国在未来产业前沿技术相关领域的主要部署

发布年份	发布主体	文件名称	部署领域/具体措施
2024	英国议会	《人工智能（监管）法案》（“二读”阶段）	人工智能产品安全
2023	英国政府	《支持创新的人工智能监管方式》	概述人工智能监管机构的明确原则，最大限度地促进人工智能在其监控的行业中的安全和创新使用
2023	英国科学、创新和技术部	《科学技术框架》	通过10项关键行动将英国技术发展提升到未来10年全球科技的前沿，包括识别关键技术，确定目标，研发投资，才能和技能，科技公司融资，公共部门采购、国际合作、物理和数字基础设施、国际法规和标准、创新公共部门
2022	英国商业、能源和工业战略部	新版《能源安全战略》及《氢能投资者路线图》	明确提出到2030年将国内低碳氢产量从5吉瓦提高到10吉瓦，其中一半将完全绿色化
2022	英国国防部	《国防人工智能战略》	通过前沿技术枢纽，支撑新兴技术的使用和创新，从而支持创建新的英国国防AI中心
2022	英国研究与创新署	《2022—2027年战略：共同改变未来》	提出构建卓越科研体系的6个世界级战略目标，就如何实施该战略提出针对每项目标的优先行动事项
2021	英国商业、能源和工业战略部	《英国氢能战略》	提出到2030年英国氢经济发展的愿景目标及路线图，预计吸引40亿英镑的私人投资，新增9000个工作岗位；到2050年，英国20%~35%的能源消耗将以氢为基础，氢能经济产值达到130亿英镑

续表

发布年份	发布主体	文件名称	部署领域/具体措施
2021	英国政府	《国家人工智能战略》	为人工智能行业再提供超过10亿英镑的支持；未来十年将英国打造成全球人工智能超级大国
2021	英国人工智能委员会	《人工智能路线图》	进一步明确英国人工智能发展战略和重点
2020	英国政府	《能源白皮书：赋能净零排放未来》	再次重申氢能产能目标，并提出2030年前建立4个低碳产业集群的目标
2020	英国政府	《绿色工业革命十点计划：更好地重建、支持绿色工业并加速实现净零排放》	涵盖清洁能源、交通、自然和创新技术等领域；提出到2030年实现5吉瓦氢能产能的目标
2020	英国政府	《未来科技贸易战略》	鼓励全英国的技术投资，尤其是特定技术领域的投资，例如5G、工业4.0、光子学、沉浸式技术等。对数字经济、科技创新投资进行战略部署
2019	英国政府	《国际研究和创新战略》	支持科技创新，通过发展全球合作关系促进英国的经济增长，同时应对全球挑战。到2030年成为全球最具创新性的国家
2018	英国政府	《人工智能行业协议》	支持AI产业生态的发展
2018	英国政府	《产业战略：人工智能领域行动》	立足引领全球人工智能和大数据发展，从鼓励创新、培养和集聚人才、升级基础设施、优化营商环境以及促进区域均衡发展等五大维度提出一系列实实在在的举措
2017	英国商业、能源和工业战略部	《产业战略：建设适应未来的英国》	提出为应对人工智能、清洁增长、未来交通运输和老龄化社会四大挑战，而重点发展的未来产业；英国未来实现经济转型发展的五大基础：创新思想、人力资源、基础建设、创业环境和区域经济

（二）英国支持未来产业发展的主要举措

1.加大未来产业的科研投资

英国政府通过建立战略重点基金、吸引国际投资者对英国的研发投资、完善英国税务系统、增加公共采购等多种方式加大对未来产业的投资和资金支持，以支持未来产业的发展。一是建立新的有竞争力的战略重点基金。英国通过国家科研与创新署管理的产业战略挑战基金、小型企业研究计划和国家安全战略投资基金等多渠道增加了累计47亿英镑的研发资金。二是积极参与国际推广活动，增加国际投资者对英国的研发投资。2021年3月，英国政府发布了《竞争时代的全球英国：安全、国防、发展和外交政策综合评估》，提出要最大限度地提高外国直接投资的贡献，吸引来自跨国公司和外国企业的投资。2023年11月，英国政府宣布举办第二届全球投资峰会，特别关注高科技领域，以此展示英国的科技实力，吸引外国直接投资。三是完善英国税务系统以支撑创新。对于中小企业，实行研发减免计划，旨在通过加计扣除政策鼓励企业进行研发活动。根据规定，符合条件的盈利企业在计算应纳税所得额时，其合格研发成本在正常全额扣除的基础上，再按130%的比例加计扣除。此外，亏损的中小企业可以享受相当于税收抵免额度的现金偿还，最高可按加计后研发成本的14.5%享受税收返还。针对员工人数超过500名、营业额超过1亿欧元或总资产超过8600万欧元的大型企业，实行研发支出抵免政策，企业可按照研发成本的13%抵减应纳税额，如果公司亏损，其尚未抵完的部分在满足一定条件下可以现金方式退还给企业。

2.强化多层次未来产业人才培养

英国政府在高等教育、师资队伍建设和产学研协同培养方面采取了一系列措施，旨在全面推动未来产业领域的人才培养和学科发展。一是在高等教育方面，英国政府致力于通过教育投资培养未来产业相关领域的高端复合型人才，以推动该学科的发展和创新。例如，英国投资1亿英镑设立人工智能奖学金，设置人工智能学位，开设人工智能相关课程。实施硕博贯通的人才培养模式，每年在人工智能及相关学科至少增加200个博士研究生。鼓励不同学科背景的学生继续深造，将计算机和数据科学以外的人才培养成未来产业相关前沿科技领域的研究生，培养复合型人才。二是在师资队伍建设方面，英国政府尤其强调在基础教育阶段加强未来产业相关领域教师队伍建设。2018年5月，英国教育部宣布提升计算机科学课程教学，计划在4年内花费8400万英镑培育8000名计算机科学教师，保证每所中学都拥有一名合格的计算机科学教师，旨在为学生提供必要的技能，以满足未来产业发展的需求。三是产学研协同培养未来产业所需人才。英国建设国家级艾伦·图灵研究所、英国工程与物理科学研究委员会人工智能研究所，协同科学技术设施委员会和联合信息系统委员会以及牛津大学、剑桥大学、帝国理工学院、伦敦大学学院等共同努力聚焦人工智能研究及人才培养。此外，英国政府、产业界及大学承诺共同出资在全国设立16个人工智能教育中心，首次设置由产业资金资助、包含工作实习内容的人工智能硕士专业学位课程，开创了三方共同投资教育的先河。

3.加强未来产业基础设施建设

英国政府通过专项资金和战略规划，大力投资未来产业基础设施，以期升级数字、交通和能源基础设施，构建高效、创新和环境友好的未来经济体系。一是设立专项资金促进未来产业基础设施建设。2017年11月发布的《产业战略：建设适应未来的英国》白皮书提出将国家生产力投资基金增至310亿英镑，支持交通、住房和数字领域等基础设施建设。2020年，英国发布《国家基础设施战略》，宣布成立新的国家基础设施银行，将科技基础设施作为政府战略的核心，重点布局数字、交通和能源基础设施，强化以5G技术为代表的信息基础设施的赋能作用，通过支持私人投资和全面改革基础设施交付方式，对英国基础设施网络进行改造，助力经济复苏、平衡和加强联盟以及2050年净零排放三大目标的实现。二是利用长期预算和新的机构如国家基础设施委员会、基础设施和项目管理局来改进公共基础设施建设框架，升级已有的数字基础设施。2020年7月，英国政府发布《英国研发路线图》，表示将投入3亿英镑用于升级国家科学基础设施，提升科研的设备与资源水平。

4.重视能源结构转型，大力发展氢能

英国政府正通过推动能源结构转型和氢能发展，投资于绿色技术和基础设施，以促进未来产业的可持续增长并实现净零排放目标。一是重视能源结构转型，大力发展绿色产业。2020年11月，英国政府发布的《绿色工业革命十点计划：更好地重建、支持绿色工业并加速实现净零排放》，提出了10个走向净零排放并创造就业机会的计划要点，预计将动员约210亿英镑的政府经费推动该计划执行。2020年12月，英国政府在《能源白皮书：赋能净零排放未来》中指出，未来30年英国政府将从提供可负担的清洁电力、优化净零排放创新组合方案、构建能源基础设施规划框架以及带动清洁电力的经济效益几个方向，实现电力系统的净零排放。二是不断强化在氢能领域的政策布局，制定了专属的氢能政策和投资者路线图。2022年4月，英国接连发布新版《能源安全战略》及《氢能投资者路线图》，明确提出到2030年将国内低碳氢产量从5吉瓦提高到10吉瓦，其中一半将完全绿色化。

（三）英国的未来产业布局对我国的启示

面对新一轮科技革命和产业变革，发展未来科技、培育未来产业成为我国参与全球竞争、抢占未来发展制高点的必然选择。从英国推出的未来产业部署，结合我国现状，提出以下建议。

1.产学研结合，促进科研成果转化

一是建立更加紧密的产学研合作机制，通过设立资金支持计划、建立产学研合作平台等方式，促进高校、科研院所与企业之间的深度合作，鼓励各方共同开展科研项目，加速科研成果向产业转化的过程。二是为鼓励科研机构和科研人员积极参与产业合作和科技成果转化，政府可以建立科研成果评价和奖励机制，将科技成果转化纳入评价体系，并给予相应的奖励和荣誉。

2. 大力培育和引进高水平科技研发人才

一是增加对未来产业相关领域的高等教育投资，设立奖学金、设立专业课程、实施硕博贯通培养模式等，以培养高端复合型人才。特别是要鼓励不同学科背景的学生跨界深造，将其他学科的人才培养成未来产业相关领域的研究生，培养复合型人才。二是加强基础教育阶段未来产业相关领域教师队伍的建设，特别是在计算机科学领域。通过提高教师培训水平、增加计算机科学教师数量等举措，确保每所学校都有合格的计算机科学教师，为学生提供必要的技能。三是建设国家级研究机构，促进产学研合作，提升人工智能人才培养水平。政府、产业界和大学可以共同出资设立人工智能教育中心，提供包含工作实习内容的专业学位课程，推动产学研协同培养模式的发展。

3. 完善和加强科技基础设施建设

一是增加对未来产业基础设施建设的专项资金投入，重点支持数字、交通和能源基础设施的升级与建设。特别是在5G技术、充电基础设施和宽带网络等领域，增加资金支持，提升基础设施的智能化水平。二是成立国家基础设施银行等类似机构，引导私人投资参与基础设施建设，加强对数字、交通和能源基础设施的支持与管理，推动经济发展和环境可持续性。三是采取长期预算规划，确保未来产业基础设施建设的稳定性和可持续性。通过设立新的机构如国家基础设施委员会等，改进公共基础设施建设框架，提升基础设施项目管理和执行效率。

4. 推动能源结构转型，发展可再生能源

一是明确推动绿色产业发展和实现净零排放目标的具体措施。通过动员政府资金和引导私人投资，加速推进清洁能源产业的发展，包括太阳能、风能、水能等绿色能源，促进未来产业的可持续增长。二是强化氢能领域的政策布局，明确发展氢能产业的战略目标和发展路径。通过提供财政支持、税收优惠、研发资金等方式，吸引投资者参与氢能产业的发展，推动技术创新和产业升级。三是加大对清洁能源的支持力度，优化清洁能源的利用方式，提升清洁能源的利用效率。通过加强电力系统规划和建设，提高清洁能源的比重，实现电力系统的净零排放目标，促进能源结构的转型升级。

四、德国的未来产业布局及对我国的启示

在当前科技革命的背景下，传统制造业竞争力下降、地缘政治冲突、能源危机等对德国未来产业的战略布局提出了新的要求。德国聚焦人工智能、新能源等领域，积极推进智能电网的建设、可再生能源的开发和利用，取得了巨大的进步。德国在未来产业的战略部署对我国有借鉴意义，其在政策制定、产业支持、人才培养和基建引领方面的成功经验能为我国的未来产业培育升级提供积极帮助。

（一）德国在未来产业领域的主要战略部署

2013年，德国发布实施“工业4.0”战略的建议，将实施“工业4.0”与科技工厂带来的“第四次工业革命”联系起来，提出到2020年每年实现10亿欧元的投资。在提出“工业4.0”之后，德国先后提出并更新了《人工智能战略》《国家氢能战略》《国家工业战略》等多个政策文件（见表5–4），延续了以应对第四次工业革命为出发点的支持措施，旨在鼓励数字化信息化建设、突破传统工业制造业困局、实现能源技术领先地位的目标。

表5-4　德国在未来产业领域的主要部署

发布年份	发布主体	文件名称	部署领域/具体措施
2023	联邦经济和能源部	更新的《国家氢能战略》	到2030年，德国氢需求将达到95~130太瓦时，国内电解槽产能目标将达到10吉瓦，是2020年战略设想的两倍
2022	联邦数字化和交通部	更新的《数字战略》	制定了2027年数字化战略，主要聚焦数据、人才、组织和基础设施等领域。包括提升欧洲云计划Gaia-X和数据空间之间的互操作性等具体措施
2020	联邦政府	更新的《人工智能战略》	追加20亿欧元的AI资助，并在人才培养、基础研究、转化与应用、监管框架、民间支持等方面更新战略以应对发展
2020	联邦经济和能源部	《国家氢能战略》	以实现碳中和为契机发展"绿氢"，具体措施包括提出氢能发展预期，建设氢基础设施，推广氢能源的市场应用等方面
2019	联邦经济和能源部	《国家工业战略2030》	有针对性地扶持汽车、人工智能、数字化、生物科技等十大重点工业领域，以保持其先进工业制造的全球核心竞争力
2018	联邦政府	《人工智能战略》	目标是将"德国制造的人工智能"打造成尖端、安全的人工智能应用的国际商标，在人工智能研究人才、中小企业发展和人工智能法律方面出台了具体措施
2018	联邦政府	《研究与创新为人民——高技术战略2025》	规定所有部门共同完成12项长期任务，包括医疗保健、气候和能源、城乡问题、安全保障和经济与"工作4.0"计划等领域

（二）德国支持未来产业发展的主要举措

1. 制定明确的支持政策

研发投入是未来产业发展的重要基础，近年来德国在基础科研方面的投入显著提升。德国联邦内阁在2018年9月通过“高技术战略2025”（HTS2025），设定了2025年社会和政府研发投入占GDP的比例达到3.5%的目标。在能源领域，德国政府大力投资以实现能源转型和经济复苏。2021年6月，面临新冠疫情带来的经济冲击，德国推出287亿欧元的“复苏计划”（RRF）。这一计划在脱碳方面计划投资33亿欧元，重点是用于可再生氢能源；在交通运输业领域投资70亿欧元，用于支持电动汽车、清洁巴士和铁路，其中包括购买约96万辆零排放或低排放车辆；在民用基础设施领域投资25亿欧元用于提高住宅建筑的能源效率。当前德国的国家氢能战略规划了第一阶段的行动计划，到2023年底推广创新氢能技术的市场应用。该计划涵盖了制氢、运输、基础设施建设以及技术与研究等关键领域的具体措施。在人工智能领域，德国政府明确表示并热切欢迎企业投资。2018年11月，德国联邦政府通过了国家《人工智能战略》，从2019年到2025年拨款30亿欧元用于人工智能研发投资。2019年2月公布的《国家工业战略2030》指出，德国将通过促进创新和投资，特别是在人工智能领域，支持中小企业的发展。2024年2月，微软宣布计划在未来两年内在德国投资32亿欧元，主要集中在人工智能领域，德国政府对此投资表示了强烈支持。

2.加强全方位产业支持

一是利用多种融资方式为企业提供资金支持。德国复兴信贷银行（KFW）为德国中小企业提供中长期低利率创业贷款，银行承担80%信贷风险，而企业仅需承担20%。欧洲复兴计划（ERP）初创企业基金鼓励私募股权投资，2019年德国初创企业融资高达62亿欧元。二是注重整合资源打造创新生态。德国经济和能源部、教育和科研部等组建“工业4.0”平台领导组，以西门子为首的企业创建“MindSphere World”平台。三是以战略为工具推动产业革新。以数字化进程为例，德国以“工业4.0”为核心战略，推出了一系列针对人才培养、转型、技能提升的措施，如“教育4.0”、“工业

4.0职业培训”和“工作4.0”。通过It’s OWL集群等平台提供数字转型课程培训和研讨会，鼓励企业、工会与大学共同开发数字化解决方案，提升行业整体数字化水准。[①]

3.重视校企合作培养人才

德国注重校企合作培养人才，通过增加高等教育投入和推动“双元制”教育体系来满足产业需求。一是重视高等教育投资。20世纪90年代后，德国加大了对高等教育的投入，提高了入学率，实现了高等教育的普及化。2014—2019年，联邦政府高等教育投资增长约33%，达108亿欧元，研发支出增加约38%，达196亿欧元，目前德国的教育和研发投入已经达到GDP的10%。二是教育以“双元制”为核心，迎合产业人才需求。德国每年大约有60%的学生在初中毕业时会选择职业教育。在德国巴登–符腾堡州，一所职业学院近年改制为“双元制”大学，与9000多家企业合作，锻炼学生理论与实践结合能力。三是企业培训发挥作用。德国《职业技术培训法》规定，企业有义务为青年工人提供技术培训。德国近25%的企业提供培训，其中人数超过500人的企业有近九成。德国企业在与工会的谈判中难以通过降低工资来提高竞争力，因此只能以加强工人技能作为提高竞争力的途径。

4.强化基础设施建设

几十年来，德国的国际竞争力建立在强大的基础设施建设之上，特别是在能源、交通和电信领域。在产业革命迅猛发展的今天，德国继续通过基建引领未来产业发展。一是利用基础设施建设投资创造未来产业需求。例如在清洁能源发电领域，德国联邦政府通过了一项太阳能扩张一揽子计划，这一计划提出从2023年开始将年度新增光伏装机容量由2022年的7.5吉瓦提高到

① 丁纯，陈芊凝.德国经济数字化：战略演进、政策和实施重点、进展及问题[J].江苏行政学院学报，2024（2）：42-48.

2026年的22吉瓦，到2030年光伏系统安装总量达到215吉瓦，而实现这一目标需由大量的基础设施建设投资启动。此外陆上风力发电装机容量每年将增加10吉瓦，海上风力发电也随着《海上风电法案》的修订而增加。二是结合民生领域与未来产业发展投资基础设施建设。2022年德国联邦议院通过的《医院未来法案》（KHZG），向医院提供30亿欧元的投资。这些投资将被用于提升应急能力和数字基础设施，包括支持患者门户、电子化档案、数字药物管理、网络安全和远程医疗等领域，在助力医疗发展的同时加快用数字化方式解决社会问题，提升社会数字化水平。

（三）德国的未来产业布局对我国的启示

1.加大政策支持力度

在全球科技竞争日益激烈的今天，政策支持对于推动国家产业发展至关重要。一是增加国家科研基金、提供科研奖学金和设立专项科研项目，加大对科研机构和大学的资金和资源投入，支持基础科研的发展，从而推动前沿技术的发展。二是加大能源技术研发投入、建设能源基础设施、推动氢能等面临科技突破的新能源在工业和交通领域的应用。三是加大对人工智能的支持力度，通过设立专项基金和鼓励企业投资，推动人工智能技术的发展和应用，支持中小企业在人工智能领域的发展，培育具有国际竞争力的人工智能企业，促进人工智能技术在各行业的广泛应用。四是制定优惠政策和建立合作机制，积极吸引国际投资和合作，吸引全球顶尖企业和科研机构在我国设立研发中心和创新基地，提升我国的科技创新能力和国际竞争力。

2.培育产业体系化发展

一是建立多元化的融资体系，通过多种融资方式为企业提供资金支持。设立专门的中长期低利率创业贷款，降低企业融资成本；鼓励私募股权投资，吸引更多资金流入初创企业；成立高科技种子基金，为高科技初创企业提供资金支持。二是打造创新生态，组建产业领导小组、建立相应产业平台，整合产业资源，推动数字化、智能化发展。加强工业互联网政策引领，投入更多资金支持研发与创新，提升产业数字化水平。三是通过加强人才培养、转型和技能提升，提高产业整体数字化水平，鼓励企业、工会与学校共同开发数字化解决方案，推动产业发展进程。

3.强化人才支撑培养

一是加大对高等教育的投资力度。进一步增加对高等教育的财政投入，提升高校的教学和科研能力。通过增加资金投入，提高高校的硬件设施水平，扩大教学资源和科研经费。具体措施包括设立专项资金用于支撑未来产业的高等教育发展，增加教师队伍的培训和国际交流机会，提升教师的教学和科研水平。二是对应企业需求推动职业教育发展。鼓励和引导企业与职业学校、高校建立紧密合作关系，制定合作培养计划，推动学生在校期间接触企业项目和工作环境，制定和完善职业教育相关的法律法规，明确职业教育的责任和义务，确保职业教育的质量和效果。三是推动企业加大对员工的培训力度。设立用于员工的技能培训和职业发展的专项资金，建立职业培训认证体系，推广职业培训认证，对企业培训内容和效果进行评估和认证，确保培训的质量和效果。鼓励高校和企业共同开发课程和教材，通过高校与企业的紧密合作，共同制定课程体系和教材内容，使教学内容更加贴近产业需求。

4.发挥基建带动作用

我国是基础设施建设大国，进一步发挥基础设施建设的带动作用能够引领未来产业发展。一是紧密结合基础设施建设与民生需求和未来产业发展。投资交通运输、医疗等基础设施领域，推动医疗健康行业数字化转型。推进数字化交通系统建设，利用大数据和人工智能技术优化交通管理，提升物流效率。进一步推进电动汽车充电桩的建设，促进新能源汽车的应用。持续加强5G网络的建设与覆盖广度，提高偏远地区的网络覆盖，以缩小城乡之间的数字鸿沟。二是加大能源领域的基础设施投资建设。大力推动清洁能源基础设施的建设，创造未来产业需求。推动光伏发电、风力发电设备数量的快速增长，带动相关制造业革新发展，助力实现能源转型。

五、日本的未来产业布局及对我国的启示

近年来，日本政府加速推进研发投资和技术创新，力图打造未来产业核心竞争力，其量子、机器人、半导体等产业具有举足轻重的地位。日本政府通过系列宏观政策部署，前瞻布局打造未来产业核心竞争力。2016年，日本政府提出“社会5.0”的超智慧社会愿景，并以此为基础制定未来产业政策，推动物联网、人工智能、生物材料等领域的技术创新。目前，日本持续部署未来产业相关领域，在政策制定、吸引投资、人才培养、价值链布局、企业自立等多个方面投入力量，已在量子、机器人和半导体等关键产业领域实现领跑。

（一）日本在未来产业领域的主要战略部署

2020年，日本政府发布《科学技术创新综合战略2020》，提出加速数字化转型，加强作为创新源泉的科研实力，融合人文社会科学才智，实现持续且具有韧性的“社会5.0”。其后，日本综合科学技术创新会议发布“探月型”研发计划、“登月型计划”、绿色增长战略，对到2050年的未来科技发展进行规划，提出操作层面的人工智能和机器人技术，量子计算机等领域的国家战略。日本经济产业省通过财政税制改革，给予日本国产电动汽车电池、半导体等产业税收和投资上的支持，日本文部科学省配合日本政策，在教育改革、科研资助等领域提出推进方案，加强未来产业人才培养和人才引进。日本在未来产业领域的主要部署见表5-5。

表5-5　日本在未来产业领域的主要部署

发布年份	发布主体	文件名称	部署领域/具体措施
2023	日本经济产业省	《日本财政税制改革大纲》	建议对国产电动汽车电池和半导体行业实行为期10年的税收减免，其中半导体行业的企业每个财政年度将获得高达20%的公司所得税减免，其他类别的上限将设定为40%
2023	日本文部科学省	《顶尖人才经济支持计划》	为从事新一代人工智能等领域开发的顶尖年轻研究人才提供每年2000万日元的资助
2023	日本政府	《特别高度人才制度》与《未来创造人才制度》	缩短申请绿卡的赴日期限，延长国际顶尖大学毕业生“逗留日本”的时间，吸引海外人才赴日就业
2023	日本经济产业省	《初创企业培育支持计划》	重点遴选具有发展潜力、有望给产业发展和经济社会带来重大影响、实现可持续发展、加快日本创新步伐并培养一批创新人才的企业
2023	日本政府	完善“登月型计划”的发展目标	该计划于2019年启动，由最初的6个目标不断扩展至2023年的10个目标，计划在2050年前达成实现对疾病的超早期预测和预防；实现容错型通用量子计算机，促进经济、产业发展和安全保障等
2022	日本政府	《量子未来社会愿景》	在金融、医疗、运输、航空等整个社会经济体系中引进量子技术，提高生产效率和安全性
2022	日本政府	《人工智能战略2022》	培养人工智能时代各类人才，强化产业竞争力，实现多样性、可持续发展的社会。构建国际化的人工智能研究教育、社会基础网络。促进人工智能在教育改革、研发体制改革、整合数据基础和数字化管理等领域的应用

续表

发布年份	发布主体	文件名称	部署领域/具体措施
2021	日本政府	《第六次能源基本计划》	电力部门：利用可再生能源、核能在应用阶段实现脱碳的能源。积极开发氢能、氨发电、碳捕获利用与封存技术、新型火力发电等技术，切实推进脱碳化工作。 非电力部门：利用脱碳化的电力推进电气化。对于电气化存在困难的部门，通过灵活运用氨、合成甲烷、合成燃料等实现脱碳化
2021	日本内阁	《官民ITS构想·路线图2021》	综合近年社会环境变化和智能网联汽车产业发展相关最新进展情况，提出将ITS构想进一步发展并制定了新的战略和目标
2021	日本政府	《第六期科学技术创新基本计划》	投资30万亿日元，改善研发环境，推进开放科学及数据驱动型研究
2021	日本科技厅科技政策研究所	《2021科技创新白皮书》	在超级计算机、人工智能、量子等领域加大科技基础研究与人才开发力度
2020	日本经济产业省	《2050年碳中和绿色增长战略》	将海上风电、氢能源、蓄电池、半导体等14个产业认定为重点发展产业，并设立“绿色创新基金”，强化绿色产业领域技术研发
2020	日本政府	《综合创新战略2020》	构建支持“社会5.0”的基础设施，推进5G移动通信技术在工场、汽车等领域的应用，研发后5G时代信息通信技术，发挥本国的技术和制造优势。促进大学、科研机构、企业之间开展更大规模的合作研究活动，在竞争性资助项目设立、资助方法方面向新兴领域和年轻人倾斜

续表

发布年份	发布主体	文件名称	部署领域/具体措施
2020	日本经济产业省	《后5G信息通信系统基础强化计划》	对云核心技术、云网络综合技术等10个未来通信领域投资610亿日元
2019	日本科学技术政策研究所	《第11次科学技术预见调查综合报告》	提出精密医学、量子设备等8个跨学科、强交叉的特定科技发展领域

（二）日本支持未来产业发展的主要举措

1.前瞻布局未来产业发展方向

日本将未来产业作为国家支持的重点发展方向，通过政策研究、产业补助等方式，前瞻布局未来产业相关行业的发展。一是定期开展前沿性技术预见调查。2020年，日本科学技术政策研究所成立了专门技术预见委员会和专题集群，通过对不同领域开展定性、定量分析和专家研判，提炼出精密医学、量子设备等8个跨学科、强交叉的特定科技发展领域，前瞻性确定了未来产业的发展方向。二是强化未来产业资金支持。日本通过产业补助金的方式，加强对半导体、蓄电池等关键产业的引导与支持力度。例如，在半导体产业，日本于2022年新设了“先进半导体国内生产圆滑化利息补助金”，用于改善半导体企业的融资情况；在蓄电池产业，日本政府加大对新能源汽车购买的补助力度，提升市场对蓄电池的需求。

2.战略先行完善基础设施建设

日本基于地理资源情况和经济社会基础，从能源和社会基础设施两方面制定未来产业的政策框架，为形成发展未来产业提供配套设施保障。一是制定新能源发展战略。日本立足于国家四面环海、国土面积较小的地理特征，发挥比较优势制定新能源政策，以支撑未来产业的发展。将海上风电、氢能源、蓄电池、半导体等14个产业认定为重点发展产业，并设立“绿色创新基金”，强化绿色产业领域技术研发。例如，2021年颁布的《第六次能源基本计划》提出，要积极开发氢能、氨发电、碳捕获利用与封存技术、新型火力发电等技术，切实推进脱碳化工作。二是确定“社会5.0”的科技战略规划。日本未来产业布局以解决城市智慧化、适老化建设需求为目标，大力发展人工智能、大数据和物联网科技等技术完善社会基础设施建设。日本陆续出台了《第五期科学技术基本计划》《未来投资战略2017》《未来投资战略2018》《综合创新战略2020》等战略性文件，提出建设“社会5.0”即超智慧社会，运用信息技术和物联网技术建立合理便捷的社会基础设施，使其与生命健康、交通出行和行政等融合发展。

3.支持官民合作未来产业发展模式

日本政府延续了过去七十年形成的官民协调的产业发展模式，进一步推出日本政府与产业界、金融界一体为未来产业发展出谋划策的发展模式。一是鼓励官民共同投资。官民协同的产业政策制定模式是日本高新技术产业快速发展的能量来源，也是日本形成有活力的市场经济环境的基本要素。通过官方和民间共同投资的发展模式，有效解决信息不对称、研发效率低下等问题，提升未来产业市场经济活力。2021年，日本环境省公布新目标，计划在2030年前官民合计项目规模达1万亿日元。二是形成官民一体的研发创新架构。例如，在新能源领域，日本经济产业省下属的新能源产业技术综合开发机构与工业和学术界的研究机构开展合作，前者负责确立研究开发和性能评价方法，后者实现实际技术开发；在智能交通领域，2021年6月日本发布由政府和民间私营企业联合制定、共同实施的《官民ITS构想·路线图2021》，使政府部门与私营企业实现未来发展战略信息共享，为私营企业获取未来产业相关项目的合作机会。

4.培养面向未来的新型科技人才

日本高度重视人才在经济社会发展中的关键性作用，强化教育在人才培育中的基础性作用，人才培养从本土和海外两个方面共同发力。一是高度重视高端人才自主培育。日本通过不断修改完善科技基本法和制定出台人才培养政策，来培育面向未来的创造性人才。在资金支持方面，2021年日本文部科学省和综合科学技术创新会议创立10万亿日元规模的研究型大学发展促进基金，支持大学构建世界一流水平的研发基本面，培育青年人才。同年，日本政府发布《第六期科学技术创新基本计划》，投资30万亿日元改善研发环境，推进开放科学及数据驱动型研究。在教育改革方面，日本政府鼓励和支持有条件的大学设置以人工智能、数据科学为主要研究对象的本科学院和硕士研究科，课程以问题解决为导向，提倡产学协同培养。二是完善海外人才引进与国际合作的措施。面对日益激烈的世界人才竞争，日本通过制定人才战略，积极引进未来产业海外人才。2023年日本政府制定《特别高度人才制度》与《未来创造人才制度》，以缩短申请绿卡的赴日期限，延长国际顶尖大学毕业生“逗留日本”的时间，吸引海外人才赴日就业。此外，日本还高度重视未来产业人才领域的国际合作。例如，2023年底IBM公司与美日韩知名大学达成合作协议，共同开发量子课程资源，计划在10年内培养4万名量子科技人才；2024年美国芝加哥大学、日本东京大学、韩国首尔国立大学签署新的三边量子合作伙伴关系，培养量子劳动力，增强美日韩在新型全球经济中的竞争力。

5.支持引导未来产业企业自立

日本政府重视引导未来产业相关企业自立，通过财政手段和市场环境建设促进未来产业中小企业的技术创新。一是对未来产业企业给予财税支持。在财政补贴方面，日本2023年设置的“增长型中小企业研究开发支援事业”补助金预算额度达132.9 亿日元，用以促进中小企业工业设计、信息处理、精密加工、结合拼装、立体造型、机械控制等方面的技术创新活动。在税收优惠方面，日本在2024财年财政税制改革中对国产电动汽车（包括蓄电池）

和半导体等五大行业实行为期10年的税收减免，其中半导体行业的企业每个财政年度可享受20%的公司所得税减免，其他行业的上限设定为40%。二是改善企业营商环境。日本政府重视强化市场环境，提升企业的创新激励，从而帮助未来产业企业自立。例如，2023年日本经济产业省提出的《初创企业培育支持计划》中包括推荐上榜企业参与政府海外业务，支持其向海外发展，组织专家向企业发展提供建议等。

（三）日本的未来产业布局对我国的启示

1. 重视技术预见，明确未来产业方向

一是提高对技术预见的重视程度。健全技术预见长效机制，推动国家、区域、行业层面协同开展技术预见工作，促进技术预见理论与实践的良性互动和融合发展，使其成为我国研判未来产业发展趋势的重要参考。二是从科技发展实际需求出发开展预见，提升服务国家科技创新政策能力。采用定性与定量结合、调查与预测并行的方法，把握产业发展趋势和技术突破关键点，及时调整产业政策重点，灵敏抢占关键技术领域制高点。向企业公开技术预见调查报告，让企业及时全面了解产业链上中下游最新的技术预见进展，更好实现技术创新研发。

2. 结合我国实际，完善未来产业基建

一是结合“双碳”目标，推动能源转型支持未来产业发展。瞄准世界能源科技前沿，聚焦能源关键领域和重大需求，持续推动实现关键核心技术装备、器件、材料突破，加快信息技术和新能源产业融合发展，不断把新能源技术及其关联产业培育成带动我国产业升级的新增长点。二是把握社会发展需求，推动适宜产业培育和配套设施建设。推动城市传统产业转型升级，依托城市原有产业基础，推动科技创新和传统产业融合发展为城市孕育未来产业的后备力量。借助云计算、大数据、人工智能等新一代信息技术赋能新制造，催生新服务，让制造业在未来产业发展中增值。

3. 支持未来产业企业自立

一是在资金方面提供充足保障。为未来产业企业提供产业专项补助金，设立政府产业引导基金支撑重点领域发展。健全产业金融体系，加大银行、信托、融资租赁等的合作力度，探索新型投资模式，降低企业融资借贷成本。有能力的民营企业要加强自主创新，鼓励民间资本参与国家重大工程、重点产业链供应链项目建设。二是从营商环境等外部条件出发为企业发展创造条件，推行产业界自立的政策。支持企业开展海外业务，为初创企业提供与科研机构等的合作机会，组织专家等为企业发展方向把关。健全知识产权保护的法律法规体系，建设良好的产业环境。形成研发试错容错机制，保护企业家、科研人员和投资者推动未来产业发展的积极性。

4. 提升未来产业人才的吸引力

一是坚持教育在我国人才培养中的基础作用。推进基础教育改革，将人工智能、生命科学、量子技术等未来产业领域前沿知识与传统科目相结合，加强中学与大学合作开发学习课程。提供多元化的教育项目和科技实践活动，激发各阶段学生的学习兴趣和创新潜能。在高等教育阶段，应提升对本科生和研究生国家基本经费支持力度，完善博士生生活费保障等多渠道补助制度，强化产学研等联合培育博士人才的机制。二是鼓励高校与企业和科研机构深度合作，为学生提供更前沿、高端的研究平台，拓宽学生的实践空间。改进项目评审、科研管理、经费资助等制度，为科研人员提供良好待遇、时间保证和设施共享环境，激励科研人员选择攻克更具挑战性的前沿学术课题。三是实施更加开放、有效的人才引进政策。不断优化外国人才来华签证制度，推广吸引优秀外国人才来华创新创业的政策制度，推出高层次外国人才积分制政策等。

六、韩国的未来产业布局及对我国的启示

企业作为发展未来产业的主体，是引领先进生产方向、培育新质生产力的重要引擎和中坚力量。韩国高度重视未来产业发展布局，尤其在政策制定、投资吸引、产业生态、人才培养、国际合作等方面持续强化对企业支持力度，充分激发企业创新活力，以期在新一轮科技革命和产业变革中保持领先地位。

20世纪70年代起，韩国政府通过制定半导体产业政策鼓励企业投资，使韩国企业在全球市场上竞争力大幅提升，形成了完整的半导体产业链。近年来，韩国政府加速推进研发投资和技术创新，力图打造未来产业核心竞争力，特别是其半导体产业具有举足轻重的地位，美国半导体行业协会（SIA）和波士顿咨询公司（BCG）的报告称，预计2032年韩国半导体产量在全球所占份额将达到19%，跃升至全球第二位，仅次于中国大陆（21%）。

（一）韩国在未来产业领域的主要战略部署

韩国对推动未来产业发展有着具体清晰的战略规划（见表5-6）。一是明确产业发展方向。2019年6月韩国政府发布“制造业复兴发展战略蓝图”，旨在通过制造业复兴实现制造业强国目标，未来产业是其四大战略之一。2023年5月通过的《国家尖端战略技术指定案》明确将半导体等技术作为尖端战略技术，为政府制定连续、稳定的政策提供了基础。在半导体领域，2023年5月公布的《半导体未来技术路线图》关注新型存储器、人工智能、车载半导体等核心技术，提出了韩国在未来10年内掌握半导体核心技术的目标。在电池领域，2021年7月发布的《2030二次电池产业发展战略》明确了细化到材质、用途的二次电池的研发路线，以及以5年为间隔的研发时间

表。《半导体未来技术路线图》细化研究方向，在下一代存储器研究方面细化至强电介质器件、磁性器件、忆阻器三大新兴技术研发。二是韩国政府灵敏地抢占行业先机。20世纪80年代，在韩国半导体行业的起步时期，三星公司首先取得了64K和256K存储芯片的成功开发，韩国政府随后在1986年推动实施4M存储芯片开发项目，为该项目提供了巨大的资金支持，包括三星、现代、金星在内的韩国主要芯片制造商都参与了这一项目，该项目最终取得了超出预期的成果。

表5-6　韩国在未来产业领域的主要部署

发布年份	发布主体	文件名称	部署领域/具体措施
2023	韩国科学技术信息通信部	《数字权利法案》	规定数字环境中的自由和权利保障，保证数字领域的公平访问和公平机会，建设安全可信的数字社会，促进基于自主性的数字创新
2023	韩国科学技术信息通信部	《国家量子科技战略》	提出培养量子科技人才，保持量子计算系统技术并开发支持技术，通过公私合作，到2035年投资总额达3万亿韩元
2023	韩国政府	《半导体未来技术路线图》	通过发展三个领域的45项技术以确保韩国在未来10年内掌握半导体核心技术并在优势技术领域保持领先
2023	韩国第二次国家尖端产业委员会议	《国家尖端战略技术指定案》	在将半导体、显示技术、动力电池作为国家尖端战略技术的基础上，将生物技术指定为新的国家尖端战略技术
2023	韩国科学技术信息通信部	《未来材料研发战略》	以半导体、显示器、二次电池等12个国家战略技术领域的需求为基础，选定了100种未来材料，制定了到2035年实现领先的具体技术目标
2023	韩国国会	《K-芯片法案》	提高投资于国家战略技术（包括半导体相关技术）的公司的税收减免率，保障经济优先事项

续表

发布年份	发布主体	文件名称	部署领域/具体措施
2022	韩国国会	《国家尖端战略产业法》修正案（“半导体特别法”）	大幅缩短半导体工厂建厂审批时间
2022	韩国政府	《充电电池产业革新战略》	将动力电池作为提升其出口竞争力的核心产业。培育韩国本土电池生态体系，稳定电池供应链；确保韩国电池产业生态系统以及全球份额稳定增长
2022	韩国国会	《国家尖端战略产业法》（“半导体特别法”）	通过指定特色园区、支援基础设施等，大幅加强对半导体企业投资的支持
2022	韩国政府	《半导体超级强国战略》	强调了打造本土稳健半导体生态系统的重要性，旨在培养卓越的半导体企业和半导体人才；提出预计到2030年材料、零部件及设备自给率由30%提升至50%
2021	韩国政府	《2030二次电池产业发展战略》	认为电池行业具有技术密集型、受供应链影响较大和以消费者为导向的特点，需要持续的研发投入来引领技术方向
2021	韩国科学技术信息通信部	《K-半导体战略》	计划在未来10年与三星电子等153家韩国企业联合投资510万亿韩元建立集半导体设计制造以及上游材料、零部件、设备于一体的产业集群，构建起全球最大规模的半导体生产基地
2021	韩国教育部	《第三阶段产学研合作先导大学培育方案》	对标未来产业，构建产业需求人才培养体系；促进产业变革，培育创造高附加值创业大学；强化合作基础，实现产学研合作可持续发展；促进共享合作，构建产学研合作生态体系

续表

发布年份	发布主体	文件名称	部署领域/具体措施
2020	韩国产业通商资源部	《人工智能半导体产业发展战略》	投入700亿韩元支持人工智能半导体公司的研发和并购，计划到2030年人工智能半导体全球市场占有率达到20%，培育20家创新企业和3000名高级人才
2019	韩国科学技术信息通信部	《人工智能国家战略》	推动韩国从“IT强国”发展为“AI强国”，计划在2030年将韩国在人工智能领域的竞争力提升至世界前列
2019	韩国政府	“制造业复兴发展战略蓝图”	力争在2030年将制造业附加价值率从25%提升至30%，将制造业产值中的新产业和新产品比例从16%提升至30%，将目前制造业出口规模排名由全球第六提升至全球第四
2019	韩国科学技术信息通信部	《2030年综合半导体强国目标》	未来10年内对新一代半导体研发投资1万亿以上韩元，以确保从基础技术到应用技术的竞争力，并完善与国家核心技术保密相关的法律系统

（二）韩国支持未来产业发展的主要举措

1. 国家政策与企业投资共同发力

“韩国模式”的产业政策以“中央政府+大财团”合作机制为特色，在这一机制下，大规模企业投资配合政府的一揽子产业指导规划，大企业的投资受益于中央政府的政策扶持，成为产业成功的重要基石。一是韩国政府利用民营企业和大型财团的资金优势，为未来产业的发展注入了强大的动力。韩国通过吸引民间资本设立基金组织，与国家政策紧密结合，推动战略技术的突破与进步，呈现出鲜明的政策导向。例如，在2019年8月，韩国推出了《材料、零部件和设备1.0战略》，并随后成立了材料、零部件、设备投资基金、零部件设备风险投资基金和产业技术政策基金。在这些基金的构成中，私人资金与政府资金的比例大致相当，共同支撑了韩国尖端科技产业的创新发展，推动了产业的进步。二是韩国政府在政策层面给予未来产业企业巨大的支持。在税收优惠方面，2021年5月公布的《K-半导体战略》明确提出，对半导体企业研发投资和设备投资的税额最高抵扣率将分别提升至50%和20%，极大地减轻了企业的税收负担。此外，2023年3月韩国国会通过的《K-芯片法案》更是将半导体产业列为“经济优先事项”，纳入国家战略技术范畴，进一步提高了国家战略技术的税收减免率。三是改善营商环境。2022年12月，韩国国会通过了《国家尖端战略产业法》修正案（也被称为“半导体特别法”），将半导体工厂的建厂审批时间大幅缩短至15天，极大提高了审批效率。韩国政府通过为企业提供税收、设厂等方面的优惠政策，持续吸引各主体对未来产业的投资。

2.营造良好的产业生态

韩国政府除了在政策方面支持未来产业发展，还在实践中支持园区式高新产业集聚发展。一是在形成园区合作网络的创建方面，韩国政府曾联合地方政府和民营资本，在韩国全国范围内建立了18个创意经济中心，每一个创意经济中心对应一个财团提供指导帮助。首尔附近有多个大财团创建的非营利性质的创业生态园，这些园区利用大财团的资金带动了更多中小企业的发展，并且形成一个密集的合作网络。对于韩国的财团来说，这类政府与社会资本联合的模式是互利共赢的，财团利用在政策指导下的非营利活动消解社会的批评，他们提供的指导和融资提高了中小企业的成功率，也与行业内的新企业建立了良好联系，为企业未来发展积攒资源。二是在企业的研发和发展方面，韩国政府采取了一些措施帮助中小企业通过合作化解研发难题。韩国政府机构曾通过各种正式或非正式关系网络使中小企业和大型企业、研究机构、高校取得联系，共同进行研发合作。通过政府召集的合作，韩国国内大企业利用其海外产业布局将国内中小企业带到了海外市场，其出口需求不断提升。从数据上看，在产业规模增长方面，韩国专业中小企业从2002年的483家增加到2010年的3353家；在企业之间联系方面，在中韩合资的北京现代汽车外包的供应商中，韩国企业的合作伙伴占比达73%，这说明韩国中小企业在良好的产业生态中获得了发展。

3.培育未来产业创新人才

在韩国高科技产业的初创期，韩国高校进行了人才培养模式的改革。如今韩国教育部对标未来产业，推出政策继续加强校企合作，致力于建设产学研共生的基础架构。一是在政策方面明确人才培养目标。在新能源电池领域，韩国政府重视高校人才培养，每年目标是培养1100名以上电池行业专业人才。在半导体领域，韩国科学技术院等韩国顶尖机构通过增设半导体研究机构、增强校企合作的方式，每年培养至少200名半导体人才。二是加强政府、企业、高校和科研机构在人才培养方面的合作。从世界主要国家的半导体产业发展创新模式来看，半导体技术的超越离不开政府、企业和高校及科研机构协同合作，韩国也不例外。2023年2月，韩国产业通商资源部、三星电子、SK海力士及韩国半导体产业协会已签署谅解备忘录，同意在2023—2032年，向多个研发项目投入2229亿韩元用于培养顶尖半导体人才。三是支持高校与研究机构开拓研究新技术领域。近年来，韩国在高等教育中加大人才招生、培养力度，增设未来产业相关学科，增加未来产业相关研究部门。例如，在人工智能方面，成均馆大学与三星电子等企业合作进行融合研究、协同教育。在量子技术方面，2024年韩国科学技术院与麻省理工学院合作举办量子信息冬季学校，以培养量子人才。

4.加强尖端产业国际合作

一是在韩国半导体产业的起步时期，韩国重视利用招商政策实现外资带动本土化进程。1997年起韩国就对大规模的高新技术外国投资企业推出了用地租赁费、使用费的优惠政策。得益于大幅的优惠政策和宽松的国际环境，先进半导体企业和相关材料、设备企业都在韩国建立工厂，韩国得以顺利进入国际半导体供应链。2020年7月韩国推出的《材料、零部件和设备2.0战略》等政策持续鼓励海外技术、资本在韩国开展研发，或是同韩国企业在海外合作研发尖端科技产业。二是在韩国推动核能领域发展的过程中，韩国加快与美国等国联系引进核能先进技术。2015年《韩美原子能协定》生效，韩美原子能高级别委员会成立，但其实质合作磋商自2018年起停摆。2022年韩国借韩美首脑会谈之机遇重新重视核电合作并达成协议，该高级别委员会得到重启。三是在信息通信领域，韩国关于5G技术创新的产业政策非常强调使用“国际合作”方式，其占政策条款的比例为10%。在美国联合盟友对我国进行科技封锁和全方位打压的背景下，韩国在政策上仍强调与欧洲、中国进行技术交流，与海外的研究机构合作研究共同占领5G相关产业的市场份额。

（三）韩国的未来产业布局对我国的启示

1. 强化国家层面的设计统筹

一是明确我国未来产业的发展方向、战略目标、实践路径，将未来产业中的关键行业建设为国家发展战略，设计科技专项工程，号召社会力量参与未来产业发展。二是明确未来产业的重点领域和关键技术，为政府制定连续、稳定的政策提供基础。根据产业发展趋势和技术突破，及时调整产业政策重点，抢占关键技术领域的制高点。三是加强舆论引导，增强社会对于未来产业重要性的认识和支持，宣传未来产业的积极意义和长远利益，引导民众在未来产业领域形成共识。四是健全知识产权保护的法律法规体系，建设良好的产业环境，在先进领域积极参与标准制定。

2. 鼓励社会资本参与产业发展

一是加强对未来产业相关企业的税收优惠力度，鼓励企业增加研发投入和设备更新，提高企业的竞争力。二是给予未来产业更多的针对性金融支持政策，降低企业贷款成本，设立基金支持重点领域发展，提高金融服务效率。三是鼓励研究机构、企业加强合作，建设未来产业相关领域的研发和创新网络，加快尖端科技领域研发速度。四是加大对未来产业领域的政策扶持力度，降低企业设厂门槛，简化审批流程，缩短办事时间，提升营商环境的友好程度，吸引民间资本参与基金投资，形成政府和民间资本合作的良好局面，共同推动产业升级。

3.发挥产业集聚的规模效应

一是重视园区式高新产业集聚发展。引导大型企业、地方政府和民间资本合作，建设具有国际竞争力的产业集聚区，为中小企业提供技术支持、资金支持和市场拓展的机会。二是鼓励企业之间的合作和共同研发。搭建专门平台或组织，促进企业间的合作交流，推动企业间的技术创新和资源共享，搭建起中小企业与大型企业之间的桥梁，提升整个产业链的竞争力。三是加强与国际市场的对接和合作。通过发挥我国在新能源汽车、电池领域的引领优势，加强与“一带一路”沿线国家的合作，推动我国企业走出去，拓展国际市场，提升我国产业在全球价值链中的地位。

4.提升未来产业的人才吸引力

一是加强政府在高校未来产业相关专业的投入，明确未来产业人才培养的目标和重点领域，在高校设置未来产业相关专业、扩大招生培养人才数量。二是制定具体的人才培养计划，明确每年培养目标和培养方向，以确保人才供给与产业需求的契合。三是加大对产学研合作的支持力度，鼓励高校与研究机构、企业开展深度合作，共同开展前沿技术研究和人才培养。加强高校科研项目资助，拓宽高校学生的实践空间，创新人才培养机制，鼓励学生参与科研项目。四是制定吸引未来产业人才的倾斜性措施，简化人才引进手续，加强与其他国家和地区的人才交流合作，吸引国际人才来华工作，带动国内未来产业发展。

5.发挥优势加强国际合作

一是继续利用招商政策吸引外资在我国建立工厂，为外资企业提供良好的投资环境和政策支持，实现产业本土化，与国内未来产业厂商竞争发展。加强与国际先进技术合作，提升产业创新能力。二是面对美国对我国尖端科技行业的围追堵截，我国可以在未受制裁领域加速引进国际先进技术，通过签订合作协议、设立联合研究机构等方式，与国际一流科研机构和企业开展深度合作，共同攻克关键技术难题，推动产业发展。三是积极参与国际科技创新合作，共同开拓市场，发挥信息通信、新能源等领域优势，加强与欧洲等地区的技术交流和合作，共同占领未来产业的全球市场。

第六章 典型未来产业研究机构比较

未来产业的发展壮大离不开前沿科技的研究机构或实验室，本章通过比较研究国内外不同典型未来产业或者前沿科技研究机构的战略定位、研究方向和成果，可以揭示未来产业发展的趋势和热点，有助于政府、企业和科研机构等各方及时把握市场动态，学习借鉴先进创新模式，推动我国未来产业创新生态的构建和优化。

一、美国未来产业研究院

未来产业研究院（Industries of the Future Institutes，IotFIs）是美国为实现未来产业发展战略而设立的创新主体。该研究院根据国家战略需求而组建，集多部门参与、公私共建、多元投资和市场化运营于一体，具有独特的组织模式和管理机制。其主要目标是促进从基础研究、应用研究到新技术产业化的创新链全流程整合，推动交叉领域创新，提升创新效率，成为美国未来产业研发体系中的核心机构。

（一）建设背景

2020年6月，美国总统科技顾问委员会（PCAST）在《关于加强美国未来产业领导地位的建议》中首次提出创建一种新的世界级、多元参与的研究所。这一构想旨在充分利用美国国家实验室的力量，整合多领域研究，跨越前沿研究和产品开发阶段，成为产业界、学术界和非营利组织共同参与的平台。2021年1月，PCAST在提交给拜登政府的报告中正式提出了未来产业研究院的概念和设计框架。PCAST认为，未来产业研究院将成为多部门协作推动前沿产业科技创新的范例，促进美国国家科研生态系统的进一步融合和协同，最终帮助美国保持在科技领域的全球领导地位，确保国家安全和经济安全。

（二）主要研究领域

未来产业研究院将美国研发生态系统内的多个学科和多个部门纳入统一的组织框架，旨在贯通从基础研究、应用研究、产品研发到规模产业化和市场推广的全过程，保持美国在未来产业领域的领导地位。研究院主要聚焦五大类未来产业，并承担七大重点功能。其中，五大类未来产业为先进制造、人工智能、量子信息科学、生物技术、先进通信网络。七大重点功能为推进跨基础研发和应用研发领域的多学科和多部门合作创新、营造促进知识流动和创意涌现的研究环境、设计和实施技术快速开发和推广应用的创新框架、培育跨学科跨领域多元化发展的优秀未来科技人才、为美国国家科研生态系统提供多样化组织结构创新的试验场、促进高技术人力资源发展、成为美国科技规划和科技政策以及价值观的主要贡献者。

（三）主要特点与运营模式

PCAST提出，未来产业研究院的关键特点是在管理结构、人员配置、知识产权、资金以及管理流程和要求方面具有最大的灵活性。未来产业研究院下设的每个研究所应聚焦五大未来产业中至少两个产业领域的交叉点，通过多部门的紧密协同，形成将实验室科学发现转化为产业应用的清晰途径，实现国家和投资者的高效率回报。

1. 管理结构

未来产业研究院以有限责任公司形式组建，下设针对不同未来产业的研究所，各研究所间的合作由美国未来产业研究院国家办公室推动。各研究所采取理事会管理模式，由各自独立的理事会管理，成员包括来自政府、学术界、产业界等领域的代表及外部专家。理事会负责核心领导团队的任命、项目检查、财务监督、发展成效评价等日常指导和监督管理工作，并提供战略指导。各研究所下设多个技术组，每个技术组均设主管，并可根据需要设立教育和培训实验室、劳动力培养、特聘学者项目等。

2. 人员配置

为避免竞业禁止协议影响人员流动，未来产业研究院采用双重聘用、联合聘用、阶段性任职等机制，允许研究人员、教师、技术人员等在原属机构和未来产业研究院之间自由流动。每个研究所还聘请伦理专家解决可能出现的伦理问题，并聘请外联人员负责外联和社区活动。

3. 科研项目管理

未来产业研究院在科研项目管理上制定了灵活的项目形成与评价机制。项目由多元主体的研究团队提出，经项目评审委员会论证立项，过程中以指导为主，避免排除非常规、有前途的研究方向。项目启动后，未来产业研究院仅在必要时进行进展审查和价值评估，以减少对研究人员的干扰。

4. 知识产权

未来产业研究院制定了全面、简单、灵活的知识产权IP主协议框架，为合作伙伴在各创新阶段参与创新提供有利环境。该框架足够全面，避免每个项目重新谈判知识产权条款，减少行政负担；同时，该框架足够灵活，可根据每个项目的情况调整，有效激励各部门及价值链上各方参与研究与创新。

5.资金投入

未来产业研究院的资金来源随发展阶段不同而呈现阶段性特点。联邦政府需确立中长期预算安排，具体资金支持根据研究院不同阶段需求调整。初始阶段，通过多个联邦政府部门预算建立“种子基金”，吸引合作伙伴参与并共同出资。成熟阶段，随着运行模式及商业模式的逐渐成熟，未来产业研究院通过创新融资模式和资源获取方式实现自给自足，联邦资金逐步退出，非联邦政府资金成为经费主要来源。

（四）启示借鉴

一是促进跨学科合作。未来产业研究院通过整合国家实验室、学术界和产业界的资源，促进跨学科合作，打通基础研究、应用研究、产品研发到规模产业化的全流程。通过这样的整合，提高了研究效率和创新成果转化速度。二是推动科技创新和产业化。未来产业研究院在推进前沿科技研究的同时，注重将实验室的科学发现快速转化为实际应用，形成清晰的产业化路径。这种模式有助于加快技术进步，提升国家和参与投资者的高效回报。三是优化科研管理和知识产权制度。未来产业研究院在管理结构、人员配置、知识产权和资金等方面具有很大的灵活性，旨在简化科研体制中长期存在的行政障碍，促进科研资源和信息的开放共享，加快科技进步。四是创新融资模式。在资金投入方面，未来产业研究院初期由联邦政府提供“种子基金”启动，吸引合作伙伴参与和共同出资。随着未来产业研究院的发展成熟，逐步实现自给自足，并通过创新融资模式获取非联邦政府的资金支持。

二、美国国家标准与技术研究院

美国国家标准与技术研究院（National Institute of Standards and Technology,

NIST）是美国联邦政府下属的一个科学研究机构，成立于1901年，原名美国国家标准局（National Bureau of Standards，NBS）。1988年8月，经美国总统批准，正式更名为美国国家标准与技术研究院。NIST的研究领域非常广泛，涵盖生物技术、化学、半导体电子学、陶瓷学、物理学、光电子学、防火、聚合物、信息技术、制造工程和计量科学等多个方面，是美国未来产业和前沿科技的重要研究机构。

NIST设有六大实验室和多个研究中心，涵盖广泛的科学和工程领域。分别为通信技术实验室（Communications Technology Laboratory，CTL），专注于无线通信和光通信技术的研究；工程实验室（Engineering Laboratory，EL），从事建筑、制造和基础设施领域的工程研究；信息技术实验室（Information Technology Laboratory，ITL），致力于信息技术、网络安全和计算机科学的研究；材料计量实验室（Material Measurement Laboratory，MML），研究材料科学、化学和生物计量学；物理计量实验室（Physical Measurement Laboratory，PML），专注于物理计量和标准的研究；中子研究中心（NIST Center for Neutron Research，NCNR），提供中子散射研究设施，支持多学科研究。

（一）主要职责和特点

NIST的使命是通过创新和测量科学的进步，提升美国的经济安全与民众的生活质量。其目标包括制定和维护国家标准、促进工业创新、支持科学研究和保障国家安全。NIST的主要职责是标准制定、技术支持与咨询、科学研究、国际合作，负责制定和维护美国的国家标准，为各行各业提供测量和技术规范；向联邦政府、行业和学术界提供技术支持和咨询服务，特别是在信息技术和网络安全领域；进行广泛的科学研究，以推动技术创新和科学进步；负责与世界各国的标准机构和研究机构进行合作，参与国际标准的制定和推广。

（二）近年在未来产业发展中的贡献

1.云计算标准

NIST在云计算标准方面做了重要工作。发布了对云计算的定义，提出了云计算的五项基本特征和三种服务模式。NIST还发布了公共云计算安全与隐私指南、完全虚拟化技术安全指南、云计算大纲与建议、云计算标准路线图以及云计算参考架构。这些工作为云计算行业提供了标准和指导，促进了云计算技术的普及和发展。

2.量子技术

NIST在量子技术方面也取得了显著成果。例如，NIST的物理学家开发了一种量子模拟器，可以实现对复杂物理现象建模和模拟，不仅推动了量子计算的发展，还为理解和控制量子系统提供了新的工具和方法。此外，NIST开发出一种新方法，可生成由量子力学保证的随机数字，这一成果发表在《自然》杂志上。新技术超越了此前获得随机数字的方法，得到了“真正的随机数字”，有助于增强密码系统的安全性，这一技术在信息安全领域具有重要应用前景。

3.智能消防

NIST发布了《智能消防研究路线图》，阐述了智能消防的发展现状与未来趋势，明确了下一代智能消防系统的研发需求，为提升消防安全技术水平、减少火灾带来的损失提供了科学依据和技术支持。

4.弹道学分析

NIST在弹道学分析中运用大数据方法，创建了3D弹道学研究数据库供执法部门使用。新的数据库能提供统计学基础功能，并利用开源算法更可靠地将子弹与发射手枪联系起来，提高了执法部门在弹道学分析中的效率和准确性，为打击犯罪提供了有力支持。

5. 3D计算机芯片测试

NIST研究人员发明测试多层、3D计算机芯片的新方法，克服了传统芯片测试方法在3D芯片上的局限性，为半导体行业提供了一种快速评估3D芯片可靠性的新途径，有助于推动3D芯片的应用和发展。

6.光子神经网络

NIST研究人员研制出能够精准分发光信号的硅芯片，为未来的神经网络研究提供了一种潜在设计方法。光的应用将加快信号传播速度，并消除电荷干扰，为解决复杂问题提供了一种新工具，如快速识别模式和精确分析数据等。

7.原子传感器

NIST的研究人员开发出使用原子来接收常用的通信信号的新型传感器，比传统无线电接收器更小、在嘈杂环境中工作更好，为无线通信提供了一种创新的解决方案。

（二）启示借鉴

在未来产业的发展中，NIST通过制定云计算、网络安全、量子技术等领域的标准，推动了这些新兴技术的普及和应用，而且NIST在量子技术、云计算、智能消防等领域的研究都体现了跨学科合作的重要性。此外，NIST的许多研究成果，如弹道学分析、3D芯片测试、滚动指纹采集技术等，都直接服务于社会需求。这些技术不仅在科学研究中取得了突破，还在实际应用中产生了显著的社会效益。由此，给我国未来产业研究带来三点启示。

一是强化标准化工作，为新兴技术的发展提供规范和指导。积极参与国际标准化组织的活动，推动国内标准与国际标准接轨，提升我国在国际标准制定中的话语权。鼓励科研机构和企业在新兴技术领域制定和推广行业标准，确保技术发展具有统一的规范。加强标准化人才的培养和培训，提高标准制定和实施的专业水平。

二是促进跨学科的研究和合作，推动科技创新。设立跨学科研究专项基金，支持不同领域的专家共同开展研究项目。鼓励高校和科研机构建立跨学科研究中心，打破学科壁垒，促进知识和技术的交叉融合。推动产学研合作，促进企业与科研机构、高校之间的协同创新，共同攻克技术难题，推动科技成果转化。

三是注重技术研发的应用性，提升科技成果转化为实际生产力的能力。建立健全科技成果转化机制，完善相关政策和法律法规，激励科研人员和企业进行技术创新和成果转化。设立科技成果转化专项基金，支持具有应用前景的技术研发和市场推广。加强与行业协会和产业联盟的合作，促进科技成果在实际生产中的应用，提高科技对经济社会发展的贡献率。

三、德国弗朗霍夫协会

德国弗朗霍夫应用研究促进协会（以下简称弗朗霍夫协会）成立于1949年，主要面对德国工业领域，特别是与中小企业进行合同研究，将大学和非大学研究组织的基础研究转化为商业产品和工业流程。弗朗霍夫协会目前在德国各地拥有76个研究所和研究单位，每个研究单位平均拥有400名员工，其资金来源多种多样，包括联邦、州和欧盟的公共资金、行业和公共组织和基金会的合同研究费用以及知识产权许可费。弗朗霍夫协会下的每个研究单位都有其专门的技术领域，几乎涵盖现代工业经济的全部行业，包括可再生能源、航空航天、汽车制造、微电子和信息技术。每个研究单位都与一所德国大学合作，从而将学生纳入兼职研究人员行列，为学生提供商业导向的研究和制造环境中的实践经验。

（一）重点研究领域

弗朗霍夫协会在七大专业战略研究领域，针对具有较高商业潜力的项目，发挥德国的商业和创新中心作用，进行可持续价值创造（见表6-1）。

表6-1　弗朗霍夫协会七大重点研究领域

研究领域	具体内容
生物经济	研究生物系统结构和原理，在技术中使用自然生命的材料、物质流，并转化为循环生产模式和具体产品
数字医疗	扩大德国和欧洲医疗产品及设备供应的主权，提高医疗数据的可用性，解码免疫系统和定义跨学科翻译周期，以加速创新医疗产品和设备的适用性；研究自动化医疗保健提供，以保持护理质量
人工智能	开发适用于所有部门和行业的人工智能技术——从汽车解决方案和医疗技术到无损检测
下一代计算	研究可信计算、神经形态计算和量子计算，汇集微电子和纳米电子、算法和材料研究整个价值链的专业知识和资源
量子技术	参与研究量子技术的所有关键领域：量子成像、量子通信、量子传感器、量子计算
资源效率和气候技术	开发资源和能源效率高的技术，支持从全球主导的线性经济体系向循环物质流的转变；推动在交通、工业和供热领域采用可再生能源的部门耦合
氢技术	为气候中和的氢经济奠定基础，推动科学解决方案的发展和商业化

（二）运营模式及发展经验

弗朗霍夫协会系统与创新研究所是欧洲领先的创新研究机构之一，其每项研究成果平均被引用3.2次，高于全球平均引用水平（2.9次），更高于德国出版物的平均引用水平（2.1次）。此外，该研究所在管理领域也处于领先地位。在出版物被引用最多的德国机构中，其排名仅次于基尔大学。

1.平衡科研机构资金稳定与创新动力

虽然弗朗霍夫协会由政府投资成立，但政府与弗朗霍夫协会之间依然通过合同确定合作关系。政府仅会为其提供基础运行方面的资金支持，并参与监督和控制涉及公益的事务。弗朗霍夫协会作为公私合营的研究机构，其每年从公共部门获得约30%的资金，其余约70%均为合同研究收入。2022年其业务总量为30亿欧元左右，其中合同研究总额约26亿欧元，占到总额的87%。这一运营模式一方面激励了科研机构争取研发项目的积极性、促使其开拓市场，另一方面使协会的客户获得政府补贴的效益。公共利益与私有利益的共同驱动，推动公益目标和保障科研机构自主权的平衡。

2.注重推动产学研合作

弗朗霍夫协会的机构设置有着明显的产学研合作导向，其众多研究所设置在大学、工厂内部，吸引学生和教师参与研发工作。该协会在招收学生参与研发项目的同时，还为整合后的优秀硕士生提供博士研究项目。例如，位于不来梅港的风能系统研究所在300多名科学家与职工的基础上，吸引了来自30多个国家和地区的100多名学生。工程与自动化研究所不仅与斯图加特大学、巴登-符腾堡州政府紧密合作完成研究课题，还推动攻读博士学位的学生参与国内和国际工业项目，收获专业知识与实践技能。得益于与高校的紧密合作，协会的研究人员队伍呈现年轻化特点，据硅酸盐研究所的数据，弗朗霍夫协会科研人员平均年龄不超过40岁。

3.大力发展对外交流合作

弗朗霍夫协会大力发展与海外政府部门、高校和研究机构的交流合作，在附属合作伙伴国家建立研究中心等机构，在有项目合作及战略伙伴关系的国家建立项目中心以及联络处等机构。1994年，弗朗霍夫协会在美国建立其第一家分支机构——弗朗霍夫美国公司，其推出的关于美国和德国之间的研究项目和技术转让计划显著推动了美国和德国之间的科学交流。在欧洲，弗朗霍夫协会在欧盟设立办事处，以了解欧盟关心的研究主题和创新领域，便于协会与欧盟进行专业知识合作。协会还在奥地利设立两个研究中心，分别以可持续生产和物流、数据驱动设计为研究核心，并与当地大学密切合作以拓展国际市场。除此之外，弗朗霍夫协会还推出国际合作与网络计划（ICON），加强与海外高校和科研机构的项目合作，促进人员学习交流。

（三）启示借鉴

一是鼓励科研机构的自主性。支持科研机构进行基础研究，同时鼓励其开拓市场，增强自我造血能力。赋予科研机构争取市场中项目的动力，充分发挥其自主性。二是推动产学研合作。吸引学生和教师参与研发工作，促进知识和技术的转移与共享，为学生提供实践和研究机会，在实现提升学生技能的同时为科研创新提供持续动力。三是发展对外合作。鼓励科研机构拓展国际合作，通过项目合作和人员交流提升科研机构研发能力和创新水平。

四、英国艾伦·图灵研究所

艾伦·图灵研究所（The Alan Turing Institute）是为满足英国对人工智能与数据科学投资的需要，于2015年成立的研究机构，以“计算机科学之父”“人工智能之父”艾伦·图灵（Alan Turing）的名字命名。艾伦·图灵研究所的总部位于伦敦大英图书馆，其合作伙伴包括数个高水平的大学、企业和公共部门。其中，艾伦·图灵研究所的初创合作伙伴包括剑桥大学、爱丁堡大学、牛津大学、伦敦大学学院和华威大学以及工程与物理科学研究委员会。2018年，利兹大学等8所大学加入了该研究所的合作伙伴行列。

（一）重点研究领域

艾伦·图灵研究所初创时主要关注数据科学相关领域，2017年根据英国政府提议，人工智能也被纳入其研究范围。艾伦·图灵研究所注重数字方面的未来产业研究，面向现实需求和国家战略（见表6-2）。

表6-2　艾伦·图灵研究所的重点研究领域

研究领域	具体内容
算法	算法复杂性、算法压缩、数据结构、算法分布式、算法数值
应用数学	动力系统和微分方程、应用数学信息论、数学物理、多代理系统、数值分析、行动调查
人工智能	控制理论、进化与适应、博弈论、知识表示、多智能体推理、神经网络、神经科学、非线性动力学、图案形成、机器人技术、安全且符合道德规范、符号系统、系统论
计算机系统和架构	通信、计算网络、数据库、人机界面、信息检索、神经和进化计算、操作系统、并行计算、实时计算、计算机系统和架构可视化
机器学习	机器学习应用、计算机视觉、深度学习、自然语言处理、模式识别、强化学习、半监督学习、语音识别、监督学习、无监督学习
数学建模	基于代理的建模、数学建模自动机和代数、数学建模确定性、数学建模动态/静态、数学建模集成、图论、数学建模随机
优化	凸规划、非线性规划、随机优化
隐私与信任	密码学、差异化隐私、身份管理、确认
编程语言	硬件优化（FPGA/GPU）、识字编程、概率规划、软件框架开发、编程语言理论、编程语言可视化
理论数学	代数、演算与分析、组合学、几何与拓扑、逻辑、数论
社会数据科学	认知科学、政府与政治的数据科学、发展心理学、伦理、语言学、管理科学、研究方法、社交媒体、社交网络、社会心理学
统计方法与理论	渐近（统计方法和理论）、因果关系、估计理论、高维推理、统计方法与理论信息论、统计方法和理论建模、蒙特卡罗方法、非参数和半参数方法、可能性、模拟、空间分析、时间序列、不确定性量化

（二）发展经验与运营模式

1. 密切配合国家战略

艾伦·图灵研究所在国防和安全等领域与英国政府部门密切配合，取得了多项合作。2022年8月英国军情五处和艾伦·图灵研究所宣布了其合作伙伴关系，共同将人工智能引入国家安全领域。同时，艾伦·图灵研究所还在英国政府人工智能战略的指导下，与相关部门通力合作，在2022年成立了国防人工智能研究中心（ARC-D）、网络防御人工智能研究中心（AICD）、新兴技术与安全中心（CETaS）。在与政府部门合作配合国家战略之外，艾伦·图灵研究所还发挥自身优势组建知识平台。数字双胞胎技术图灵研究与创新集群（TRIC-DT）作为艾伦·图灵研究所主办"AI英国2023"活动的一部分，从航空航天和土木工程到城市建模和农业监测等领域均有涉及，服务范围广泛。

2. 培训面向应用的技能

艾伦·图灵研究所有着综合的业务范围，其不仅致力于在人工智能等领域进行科学研究，还通过与高校的合作进行博士生的联合培养。艾伦·图灵研究所对博士生的培养对标行业和社会对相关领域的人才需求，注重对技术和专业技能的培养。例如，图灵联通计划（Turing Connections Initiative）是艾伦·图灵研究所与英国国家博士培训中心（CDT）等机构合作，旨在建立博士生网络、提升博士生的实践技能以及提高对现实世界挑战能力的项目。截至2023年，图灵联通计划已经联络了49个博士培训中心，为博士生提供了包括技能研讨、职业交流、社交会议在内的一系列活动。此外，艾伦·图灵研究所还将实习活动与其数据研究组（DSG）活动相结合，这一计划在实施初期就已经推动9名博士生与10个慈善机构和非政府组织合作。

3. 持续优化人力资源配置

艾伦·图灵研究所在宏观战略上制定了"平等、多样性和包容性"的目标，旨在为更多的优秀研究人员提供发展平台。包括加大经费投入、健全福利制度、优化资源分配等措施在内的人力资源政策，为研究人员提供了有效的制度支持和资金保证。2024年3月，牛津大学的51名数据科学和人工智能研究员宣布加入艾伦·图灵研究所，其中一位计算机科学系副教授表示，艾伦·图灵研究所的资金支持为其提供了从事研究的基础。此外，艾伦·图灵研究所还在科学研究中加强对公共利益相关项目的宣传，以唤起更多研究者的参与；在机构管理上注重解决就业不平等和歧视问题，提升员工薪酬待遇。

（三）主要成果

根据英国工程和自然科学研究委员会（EPSRC）的一篇报告，在其对艾伦·图灵研究所五年一次的审查中，专家小组认为“研究所为政府编制的第一份人工智能使用指南是一项重大成就，产生了良好的国际影响”，另外“该研究所拥有的高质量个人研究项目也为英国带来了影响和价值”。

（四）启示借鉴

一是研究机构与国家战略紧密结合。科研机构应深刻理解国家发展的需求，主动参与并支持国家重大项目和战略决策，集中优势力量解决国家在关键技术上的瓶颈问题，从而在提升科研机构影响力的同时，加速科研成果的转化和应用，推动关键科技领域的突破。二是重视培养应用型人才。科研机构不仅要在理论研究上取得突破，更要注重培养符合产业需求的高素质人才。应当通过与高校、企业的合作，设立联合培养项目，注重培养实际操作能力和项目管理经验，架起学术研究和实际应用之间的桥梁。三是提高对科研人员的待遇。通过提供有竞争力的薪酬福利、健全的职业发展通道和良好的工作环境，确保科研人员对研究工作的专注。借鉴全球先进的管理经验，设立专项基金和奖励，鼓励科研人员在特定领域进行深入研究，提升科研机构的整体研究水平。

五、之江实验室

之江实验室成立于2017年，是由浙江省政府、浙江大学、知名企业共同建立的事业单位性质的新型研发机构。之江实验室以智能计算为研究核心，并围绕智能计算，将人工智能、智能感知、智能网络、智能系统四大领域作为科研主攻方向。实验室于2020年获批首批浙江省实验室，2021年被纳入国家实验室体系，目前拥有人才规模超过4000人，聚集了两院院士、海外院士20位，形成了国内领先的专家学者梯队。

（一）重点研究领域

之江实验室以智能计算为核心研究领域，重点关注算力极限、智能极限和感知极限等前沿问题，目标是打造高性能、高效能和高能效的计算系统。在四大科研主攻方向上，之江实验室主要开展理论体系、技术体系、标准体系、软硬件平台、装备应用等全链路科学研究，以建设大型科技基础设施和重大科研平台为主要目标，为科学研究、数字经济、社会治理等领域提供新方法、新工具和新手段。

（二）发展模式

1. 组织管理模式

从管理模式来看，之江实验室是具有独立法人资格的混合所有制事业单位，实行理事会领导下的主任负责制。理事会下建立扁平化的管理服务体系，包括综合管理部、科研管理部、发展合作部、基本建设与保障部、人才工作办公室等职能部门。在人员聘用上，采用全聘制、双聘制、项目聘用制等多种形式。

2. 科研组织体系

之江实验室的科研组织体系架构体现出扁平化的特点，平行布局前沿基础研究、智能计算设施创新、数据枢纽与安全研究、高效能计算系统研究、天基计算系统研究、天文计算研究、生命科学计算研究、新材料计算研究、智能制造计算研究、新型计算传感与智能处理研究、智能装备研究11个研究中心。在科研人才引进上，不同研究项目实施多元形式“专项引才”，在关键领域鼓励团队整体导入，建立“全员引才”工作模式。此外，实验室还与一批国际顶尖高校、研究机构和学会组织建立人才推介合作，建立海外引才联络点。

（三）发展经验

以联合体的形式驱动全方位创新发展。得益于政府、高校、企业三方联合建立的优点，实验室能够吸收三方优势，整合三方资源，实现“1+1+1>3”的效果。在科研资源上，之江实验室与全国各地超算中心、云计算中心等算力节点联合打造广域协同算力平台。在科研主体上，之江实验室以共建联合研究中心、发起国际科学合作计划、项目联合攻关、联合培养研究生等形式，与全球200余家知名高校、科研院所、行业龙头企业构建创新联合体。例如，之江实验室与中国科学院合作，成立先进计算机研究中心、传感材料与器件研究中心等科研机构；与上海燧原科技有限公司、杭州钢铁集团有限公司等一批行业龙头企业和科技公司联合，进行数字经济和产业创新技术攻关，构建产学研创新联合体。在科研生态上，之江实验室背靠浙江大学和阿里巴巴集团，能够充分发挥技术需求与市场需求双驱动的优势，营造出多学科交叉融合、多领域知识体系相互赋能的智能计算开放创新生态。例如，在成果转化和经费投入方面，之江实验室以之科控股集团有限公司作为实验室持股平台，推进成果转化产业化及公司创办投资，通过股权增值和公司经营利润上缴反哺实验室，再以“之科创新发展基金”吸引汇聚头部基金投资之江系成果转化公司，形成了“以融促产、产融结合”的发展生态。

探索出一套满足科研实验室发展需要的人才选拔、培养机制。一是突出实战育才。之江实验室加强以育才为导向的科研项目供给，通过首席科学家、学术带头人传帮带机制培养人才，并在绩效目标中明确；营造学科交叉科研氛围，通过组建交叉研究中心、跨学科跨中心组建项目团队等方式促进跨领域学术交流；关注青年人才培养，鼓励青年人才通过承担重大项目快速提升科研能力。二是实行综合全面的考核评价制度。在人才考核方面，之江实验室建立科学的评价标准，实行职称与职级双轨运行发展通道，在坚持公平公正评价人才贡献的基础上，兼顾结果与过程、平衡组织与个人需求，综合运用物质激励、荣誉激励、生活保障等多种方式鼓励科技创新，加大对解决重大问题、产出高质量科研成果的个人或团队的激励力度。

（四）主要成果

之江实验室围绕智能计算领域取得了一系列标志性成就。在服务国家重大战略需求方面，实验室启动两项国家实验室重大科研任务，部省联动实施“先进计算与新兴软件”国家重点研发专项，截至2023年，竞争性获批国家科技项目139项。在前沿技术突破方面，2022年11月，之江实验室打造全球首台基于开放计算规范的千卡规模液冷智能计算机——“之江天目”异构智能计算机，能够为各领域科学研究提供智能算力支撑。在国际科技创新影响力方面，2021年，之江实验室智能超算研究中心牵头研发成功量子计算模拟器，该模拟器算法是目前超算领域全球已知的最高混合精度浮点计算性能，该项目成果也获得了国际高性能计算应用领域最高学术奖项“戈登贝尔奖”。

2022年，之江实验室牵头以创新联合体形式完成的"FAST精细刻画活跃重复快速射电暴"和"发现飞秒激光诱导复杂体系微纳结构新机制"两项成果入选2022年度中国科学十大进展。

六、鹏城实验室

鹏城实验室成立于2018年，总部位于广东深圳，是由中央批准设立的突破型、引领型、平台型一体化的网络通信领域新型科研机构。实验室聚焦宽带通信、新型网络、网络智能等国家重大战略任务开展战略性、前瞻性、基础性重大科学问题和关键核心技术研究。鹏城实验室坚持以重大任务攻关和重大科技基础设施与平台建设为牵引，打造了一支由院士专家、杰出领军人才、中青年骨干、博士生团队组成的多层次合理人才队伍，建成了以"鹏城云脑""鹏城靶场"为代表的若干重大科技基础设施与平台，发布了"丝路"多语言机器翻译平台、"鹏城盘古"中文预训练语言模型等一系列重大应用。

（一）重点研究领域

鹏城实验室目前拥有七个研究部门：宽带通信研究部，重点开展移动通信、光通信、网络技术等领域的理论和技术研究，推动6G、天地一体化技术的先导研究；新型网络研究部，聚焦领域关键技术及产业应用，构建新型网络应用生态环境；网络智能研究部，拥有全球领先的智能算力大科学装置，突破云网协同智能等共性关键技术，支撑智能制造、物联网、工业云、人工智能等规模化产业应用；电路与系统研究部，聚焦宽带通信和新型网络中光电子和微电子芯片、器件、模块、系统、材料等前沿热点技术研发，研究"后摩尔时代"芯片材料、工艺、控制等一系列颠覆性、引领性、支撑性技术；媒体与交互研究部，通过融合计算机视觉、微电子学、通信学等相关技术整合媒体的制作、传输和呈现的全链条体系；战略与交叉前沿研究部，面向世界科技前沿开展基础性、原创性、交叉性和长远性基础研究工作；智能计算研究部，围绕“鹏城云脑”大科学装置开展云脑体系结构研发与其他相关科学前沿研究。

（二）发展模式及经验

从管理结构看，鹏城实验室实行理事会领导下的主任负责制，由深圳市市长担任理事长，理事会下设立学术委员会和战略咨询委员会，构建起“政府所有、地市主建、独立法人运行、机构自主运行”的体制机制，形成院士领衔、研究中心和前沿学术中心双轮驱动的科研组织架构。

鹏城实验室在发展过程中坚持科技创新与制度创新双轮驱动，在探索技术前沿的同时持续优化管理机制。从科研部门设置来看，实验室以重大基础设施为支撑，以重大攻关项目为核心，确立了“院士领衔，双轮驱动”的团队组织模式以及“重点项目+基础研究”的特色科研模式，其中研究中心专注于国家战略目标导向的应用基础研究，而院士工作室则进行前沿性、创新性的自由探索研究。从技术合作与人才引进方面来看，鹏城实验室与哈尔滨工业大学（深圳）、北京大学（深圳）等高校、中国科学院深圳先进技术研究院等科研院所，以及华为、中兴、腾讯等高科技信息领域企业协同共建，推进项目合作、资源共享和大科学装置建设。人才培养上，实验室与北京大学、清华大学等国内顶尖高校发起联合培养博士生的国家专项计划，开创了兼具各校特色的博士生培养新路径和“书院制”的育人新模式；通过国内人才“双聘制”和国际人才“合同制”的用人形式汇集多学科背景的创新人才。

鹏城实验室还将服务国家战略与引领区域科技发展的双重使命融入研究方向布局。面向国家战略需要，鹏城实验室在人工智能、网络智能、大型算力等领域接连建设了一系列重大科技基础设施与开放平台，包括新一代人工智能开源开放平台“OpenI启智”，支撑新一代网络通信智能关键技术创新突破的关键大科学装置“鹏城云脑”。目前，鹏城实验室正围绕“数字中国”“东数西算”等国家重大战略，牵头推进“中国算力网”研发与建设，一期工程“智算网络”已于2022年6月上线。除了服务国家发展战略，因坐落于粤港澳大湾区核心城市深圳的核心科创区，鹏城实验室同时也肩负着为大湾区应用基础研究以及创新型产业服务的重要使命。2019年7月，鹏城实验室与香港中文大学、腾讯、平安科技等联合发起成立广东省人工智能与机器人学会，搭建起行业学术交流平台。2020年5月，鹏城实验室与科大讯飞达成合作，深化大湾区人工智能产业布局，促进智慧医疗和多语种智能语音语言处理等前沿技术及应用研发落地的深度合作，助力大湾区打造科技创新引擎。2023年12月，鹏城实验室与香港科技大学共同合作成立“中国算力网”香港城市节点，为香港科学家使用更多算力开展科研提供便利。

（三）主要成果

近年来，鹏城实验室致力于推动“中国算力网”建设，助力我国数字经济转型和产业绿色发展。2020年10月，实验室发布“鹏城云脑Ⅱ”智能算力平台，拥有全世界超级计算机中最好的AI性能，在全球IO500总榜单连续6次排名第一，在AIPerf500榜单连续3年排名第一。2023年11月，鹏城实验室宣布与人工智能企业百川智能携手研发国产算力大模型训练和应用，并在未来持续在技术、算力等维度深化合作，助力本土大模型创新发展。2024年3月，鹏城实验室联合香港大学、香港科技大学、澳门大学、中国移动、中国电信、中国联通、华为、中兴、国家超级计算（深圳中心）共同发起成立“世界算力网联盟”，倡议推动全球算力网络一体化，共建全球科技共同体。

此外，在6G技术、视觉智能等领域，鹏城实验室也走在技术前沿。2023年9月，由鹏城实验室牵头，联合北京邮电大学、电子科技大学、华中科技大学等单位共同构建的“面向6G无线高速接入原型系统及测试环境（EAGLE 6G）”取得阶段性进展，无线测试速率进一步提升至800Gbps，再次刷新业界纪录，标志着我国在6G领域再次走在世界前列。在2024年举行的第七届数字中国建设峰会上，鹏城实验室发布了数字视网膜相关应用成果，能够通过大模型实时分析处理视频大数据，其应用于智能交通、公共安全等行业将有助于促进数字公共服务普惠化，推进数字社会治理精准化。

七、紫金山实验室

紫金山实验室成立于2018年，是由江苏省和南京市共同建设的重大科技创新平台。实验室主要围绕网络通信与安全领域开展基础性、前沿性研究，力图突破关键核心技术，致力于建成体现国家意志、具有世界一流水平的战略科技创新基地，2020年10月正式进入国家战略科技力量序列。经过多年发展，紫金山实验室在未来网络、B5G/6G通信、网络安全等领域取得一批自主成果，承担、参与多项科技部、工业和信息化部重大项目，创造了网络通信与安全领域多项世界第一。

（一）重点研究领域

紫金山实验室重点聚焦未来网络、普适通信、内生安全三大研究领域。在未来网络领域，主要面向服务定制的网络架构与协议栈、网络操作系统、云网超融合、服务定制的工业互联网等核心技术的研究与应用，确定性网络技术已经完成大规模的全国试验，并在第六届未来网络发展大会上发布了全球首个广域确定性网络系统重大突破成果。在普适通信领域，主要关注毫米波通信、感知与探测、天地融合通信系统、太赫兹通信、高能效移动通信等技术以及人工智能在通信中的应用。在内生安全领域，主要关注互联网内生安全机制、无线通信物理层安全机制以及人工智能在网络安全中的应用，2019年领导研发并正式运行的网络内生安全试验场（NEST）是首个面向全球开放的网络安全防御技术试验场，接受全球所有黑客攻击，至今未被攻破过。

（二）发展模式及特点

紫金山实验室实行理事会领导下的主任负责制。实验室管理体系和科研体系相互分离、互不干涉，其中与科研管理相关的工作由理事会下属的学术委员会独立负责，对实验室的科研学术活动进行独立的决策咨询和目标监督。在人才培养上，紫金山实验室和其他实验室一样，选择与国内高校合作共建硕博培养点，储备优秀人才；在科研人员聘用上，实验室则采取专职兼职相结合的方式在全球范围内聘任科学家、工程师和科研管理人员。

聚焦关键技术，潜心技术攻关。近几年，紫金山实验室专注于网络空间与安全相关技术研究，探索如何将未来网络的应用从消费领域转向实体经济，在满足海量连接要求的同时保证网络确定性服务质量。紫金山实验室针对工业、能源、医疗等对网络低时延、可靠性和稳定性要求较高的行业，构建了差异化服务的确定性网络。例如，在远程手术中，通过确定性网络的保障，手术中的时延、抖动能够控制在肉眼无法察觉的程度，医生操作可以做到稳定无卡顿，大大提高了手术成功率，也使有需要的患者可以享受到千里之外的专家治疗。此外，紫金山实验室也将科研力量投入新型网络架构与核心技术的设计研究中，并成功建设未来网络实验设施。该设施可以满足我国对下一代互联网、网络空间安全等重大科技项目的试验验证需求，进而在工业互联网、算力互联网、卫星互联网等新型网络领域实现全球技术领先。

推动技术落地，构建研产体系。紫金山实验室十分注重技术研发从成果到产品再到产业的转化，推动网络信息技术创新链与产业链的对接融合。实现这一操作的，就是由紫金山实验室、南京紫金山科技产业发展集团有限公司（以下简称紫金山集团）、紫金山科技城组成的“科、技、产贯通研产体系”。在这一过程中，三者分别为科技成果转化的供给方、需求方和服务方：紫金山实验室负责产出科研成果；紫金山集团由市属国企联合江宁区合资成立，负责提供资金池；2023年成立的紫金山科技城承担整合不同产业载体的任务。以紫金山实验室在2023年发布的5G高精度定位技术为例，该技术可以在不使用超宽带（UWB）、蓝牙等设备的情况下，仅通过一部5G网络环境下的智能手机就能实现亚米级的室内实时精准定位。该技术在2024年获得紫金山集团的资金池支持，目前正处于公司注册阶段，即将落户紫金山科技城。

（三）主要成果

紫金山实验室在6G技术领域始终走在科研前沿。成立于2018年的6G关键技术攻关团队专注于勇闯技术“无人区”：在技术突破上，团队在2022年发布的太赫兹无线传输原始创新成果创造了该领域公开报道的全球最高纪录；在关键器件上，团队自主研制的国产化互补金属氧化物半导体（CMOS）毫米波芯片和大规模集成相控阵，关键技术指标世界最高，相比同类产品具有明显成本优势；在平台建设上，2024年初，实验室建立了业界首个6G综合实验室，初步建成6G端到端实验平台，6G光子太赫兹通信实时传输速率提升到1Tbps，再次刷新世界纪录。

八、姑苏实验室

姑苏实验室全称为材料科学姑苏实验室，成立于2020年6月，位于苏州工业园区，是瞄准国家实验室建设标准和国际一流水平建立的新型研发机构。姑苏实验室专注于材料科学赛道，主要围绕电子信息材料、生命健康材料和能源环境材料三大领域开展研究工作。成立以来，姑苏实验室攻关重大项目数十项，其高精度人工识别、第三代半导体材料和新设备、超导量子计算、第四代基因测序等前沿材料技术均处于国际领先水平。

（一）重点研究领域

姑苏实验室以“围绕科技前沿、国家任务和产业需求，解决重大问题”的宗旨为导向，以电子信息材料、能源环境材料和生命健康材料三大细分领域为重点创新方向组建材料科学人才团队，汇聚超500名科研人员，平均每年启动新科研项目20余项。在每个研究领域，实验室都将研究项目分为三类：第一，协同支撑国家战略科技力量建设，围绕国家战略布局部署相关课题，增强“卡脖子”技术攻关和未来技术布局，提升创新策源能力；第二，赋能苏州产业创新集群建设，围绕不同细分领域的技术难点探索联合研发模式，整合高校院所、企业研发机构等科技创新力量及科研平台资源，共同推动产业转型升级和创新集群发展；第三，发挥省实验室创新平台功能，做好应用基础研究和高技术研究，探索科学研究与技术研发、科技成果交易转化、国内外科技合作交流等实践应用层面的模式路径。

（二）运行模式

姑苏实验室以独立法人事业单位实体化运行，实行理事会领导下的实验室主任负责制。基于“组织支撑流程，流程支撑业务”的理念设立组织模块，以程序化的方法管理需求，以投资的理念管理项目和以结构化的程序规范管理，实行现代实验室管理制度。

姑苏实验室提出“以项目带能力，以能力促任务”的发展模式，通过高水平项目充分锻炼科研人员能力，带来高水平人才聚集，从而提升承接更重大任务的能力。在科研团队的人才构成上，姑苏实验室创造性提出了

"12421"钻石型人才结构，即每个研发团队均包括1位学术带头人，2位国内所在领域TOP10高校科研水平以上的骨干，以及4位博士研究生以上学历一线科研人员。

（三）发展特点

一是明确科研目标导向，鼓励前沿项目"揭榜挂帅"。针对不同的科研目标，姑苏实验室将项目分为三类：产业发展项目，科技型企业、产研院共同参与，解决产业共性问题，进一步满足市场需求；战略攻关项目，来源于国家任务，解决涉及国家未来发展战略的核心技术难题；前沿探索项目，与高校、科研机构合作，突破产业前沿技术。每个立项项目设有项目总指挥、项目总师和项目总务三个角色，负责带领团队协同进行科研攻坚。其中项目总指挥一般由企业方担任，负责把握项目的总方向，确保项目能够真正地服务产业化；项目总师负责解决与项目有关的科研问题与技术难题；项目总务则是"后勤总管"，负责提供各种后备支持。值得关注的是，所有涉及前沿基础问题和关键技术问题的项目，姑苏实验室选择采用联合立项和"揭榜挂帅"的方式邀请产业界一起攻坚克难。通过这一方式，项目可以集聚高科技企业的高级人才资源，为实验室锻炼出一批能够解决重大科学问题的科研团队。

二是创新项目运营模式，深化企业参与程度。为聚集社会各方力量加大对未来产业技术的投入，姑苏实验室设计了新的项目运行模式，即"成果交易前置"模式。作为新型研发机构，姑苏实验室承担着国家和地方的重大科技攻关任务，目标明确，研发成果最终应走向产业化。而产业化并非研发机构擅长领域，因此必须与有实力的企业联手。由于江苏省制造业实力强劲，材料技术需求突出，正好为姑苏实验室与苏州市或省内其他有实力的企业合作提供了良好基础。在这一模式下，实验室围绕科技前沿、国家任务和产业需求这三个条件确定一个最新项目，寻找一家有技术实力的企业出资，进行联合研发。有意向合作的企业需“带资进场”，姑苏实验室按照1：1的比例匹配经费，双方共同在姑苏实验室立项，开展项目研发。“成果交易前置”实际上就是企业预付成果转让费，项目实施过程中产出的成果在满足一定条件后将转让给合作单位，姑苏实验室并不持有成果。这一模式可以有效树立需求导向，围绕最紧迫、最关键的重大科技问题，各界联合构建协同创新的科研生态，解决科技与经济“两张皮”的问题。

（四）主要成果与未来发展方向

姑苏实验室深耕材料科学领域，取得了多项技术进展：研发“高精度动态三维智能视觉芯片与系统”，大幅优化人工视觉技术，可应用于医用机器人、生物识别、自动驾驶等众多领域，能够在同样的精度标准下减少50%的制造成本，实现国产机器人的高智能、低成本三维识别；自主研发第三代半导体碳化硅外延设备，温控精度更高，耗材成本低，可大幅度降低我国对进口碳化硅制备设备的依赖，有利于5G基站、新能源汽车及其快充站的快速普及。

姑苏实验室在未来产业相关项目的立项上，目标是继续打破传统模式，架起基础研究和产业之间的桥梁，在面向国家战略需求和产业前瞻性需求的同时“接地气”，坚持让研究成果转化为产业成果，从物联网、人工智能、未来通信等行业未来发展需求出发，联合企业开展光电传感器、材料计算、太赫兹等方面的研究，从材料角度来实施相对前沿的探索项目，通过材料的优化，让一些器件达到国际顶尖水平，为我国数字经济硬件产业提供技术支撑。

第七章 未来产业布局：形成新质生产力的路径建议

未来产业代表新一轮科技革命与产业变革的发展方向，是重塑全球创新版图与经济格局最活跃的先导力量，也是形成新质生产力的关键所在。发展未来产业是技术创新与制度创新的耦合，需要推动有效市场和有为政府更好结合，遵循未来产业发展的客观规律，一体推进“科技—产业—金融”的良性循环，打通从技术创新到产业转化的堵点卡点，加快未来产业发展。

一、前瞻谋划未来产业的宏观布局

加强未来产业科技发展宏观布局，是确保国家长期发展和竞争优势的战略举措。一是制定前瞻性的时序规划，厘清近期、中期和远期的政策支持方向与重点，有条不紊推进未来产业发展。二是设计系统性的空间规划，指导各区域因地制宜探索产业路径，实现大范围、多领域的协同发展体系。

（一）优化未来产业的时序布局

一是近期布局打造未来产业发展标杆，在重点赛道率先突破。围绕通用AI、高速全光通信、算力网络、合成生物、生物育种、氢能等重点赛道，聚焦一批已突破核心技术、具有广阔市场空间的创新产品，加快生产技术熟化与生产工艺改进，以政府采购等方式积极推动早期市场开发，加快推动创新产品从实验室、中试平台走向大规模市场化商品化。二是中期布局培育未来产业发展集群，在先导领域全面推进。围绕第六代移动通信系统、细胞工程、新型储能、高性能复合材料、纳米制造等重点赛道，突破一批关键核心技术、前沿引领技术和颠覆性技术，通过融合工程技术迭代熟化与应用场景建设，加快开发供需适配的未来产品与服务，推动群体性突破的技术创新矩阵转化为多元迸发发展的未来产业集群。三是远期布局重大前沿技术策源建设，积极抢占未来产业竞争的战略制高点。围绕类脑智能、光子和量子信息、核聚变、前沿新材料、深地深海等重点赛道，坚持战略定力持续加强基础研究和应用基础研究，支持各类具有颠覆性影响的非共识创新，久久为功为未来产业发展提供技术策源。

（二）加强产业创新的空间布局

在国家区域重大战略和区域协调发展战略的引领下，充分利用科技创新的区域梯次分布特征和扩散推移规律，聚焦打造具有全球影响力的科技创新中心，立足各地先天条件和资源禀赋，探索差异化、科技创新导向的发展路径。鼓励各地按产业优势组建未来产业联盟，建立区域互联的重点未来产业示范区，为未来产业示范区提供政策、人力、资金等资源倾斜。一是聚焦北京、上海、武汉、西安等科教资源优势突出的区域，瞄准前沿技术抢占未来产业发展制高点。充分考虑未来产业培育周期较长特性，建立长期支持机制，依托国家实验室等战略科技力量，超前部署一批能够变革经济社会发展的颠覆性技术方向。利用市场竞争机制筛选最具竞争力的产品和企业，整合从基础研究、应用研究到未来技术产业化的全流程要素资源，指导地方政府、企业和研究机构在未来产业领域的投资和行动，"无中生有"孵化培育一批原始创新型未来产业。二是关注京津冀、长三角、粤港澳大湾区等产业基础优势突出的区域，围绕产业链布局创新链。探索产学研协同攻关和产业链上下游联合攻关，加快形成“科学家+企业家”的未来产业成长模式。鼓励龙头企业布局未来产业前沿领域，开展集成创新、应用创新，孵化培育具有广阔市场前景的未来产业整机产品，“有中育新”全面打造迭代创新型未来产业集群。三是支持中西部地区立足传统优势产业与特色应用场景，推动未来技术与传统制造、特色农业的融合创新。依托未来城市、未来医疗、未来交通、未来社区等重点应用场景集中发力，构建新一代信息技术、人工智能、生物技术、新能源、新材料、高端装备、绿色环保等一批新的产业增长引擎，“优中培精”孵化培育若干特色鲜明的赋能创新型未来产业。

二、科学建立未来产业的发展思路

科学把握未来产业的发展逻辑，是多管齐下促进未来产业高质量推进的关键所在。要强化技术策源支持，锻造先发优势，推动未来产业技术策源的实践。要强化转化孵化支持，以场景开放为牵引，构建应用创新体系。要强化多源资本支持，发挥各方投资力量，建立健全全生命周期科技金融服务体系。

（一）多主体联动实现技术策源

我国需要充分发挥新型举国体制、超大规模市场两大优势，充分发挥科学家、企业家两个主体的积极性，探索科技协同创新机制，强化未来产业发展的技术策源能力。一是探索“国家出题+市场阅卷”的创新模式。既要面向科技源头问题、基础问题做好探索性研究，充分发挥国家实验室等国家战略科技力量，重点加强前沿技术多路径探索、交叉融合和颠覆性技术源头供给；又要围绕我国经济社会发展、民生改善、国家安全等面临的现实问题，以市场需求为导向研究技术方案，加快对行业转型升级的共性关键核心技术的集中攻关、创新应用与迭代升级。二是践行“科学家提理论+企业家落实际”的联动方式。引导行业骨干企业牵头联合高等院校、科研院所等搭建未来产业创新联合体、企业共同体和知识产权联盟，推动共性关键核心技术的集中攻关、创新应用与迭代升级。前瞻部署一批战略性、储备性技术研发项目，发挥政府重大科技创新组织者作用，充分调动各主体的积极性，搭建跨学科、大协作、高强度的协同创新基础平台。

（二）多场景应用利好转化孵化

一是丰富转化孵化主体。既需要龙头企业“顶天立地”，更需要中小企业“铺天盖地”，形成各类初创企业不断涌现的“热带雨林”，发挥“头雁”引领带动能力，支持龙头企业平台化发展，通过创新技术、数字平台、生产资源、资金人才等开放共享，主动发掘和培育高技术、高成长、高价值企业，打造未来产业各个细分领域中的专精特新“小巨人”企业。二是明确转化孵化方式。围绕“谁来转化孵化”，聚焦概念验证、中试熟化、产业加速等环节，探索“政府引导+园区集聚+企业唱戏”模式，立足于“科学家+企业家+投资家”握手，建设全链条的转化孵化服务，鼓励现有行业头部企业布局未来产业前沿领域，加快推动高成长性创新型企业发展，培育一批未来产业龙头企业，带动中小企业融通发展。三是确定转化孵化场景。围绕“怎样转化孵化”，探索构建“早期验证—融合试验—综合推广”场景应用创新体系，强化城市公共应用场景开放，鼓励优势企业围绕场景拓展行业应用领域，推动前沿技术与生产、生活、生态、治理各领域全环节融合，构建多维度、可持续的场景体系。完善产业金融、科技咨询、科技培训等服务体系建设，健全科技研发、成果转化、中试和量产应用全过程的未来产业科技转化链条。

（三）多源头支持保障创新资金

未来产业创新成本高、技术转移孵化周期长，因此需要强化对未来产业大规模、长周期、多模式的投融资支持。一是推动政府资金“耐心投”。引导各类政府产业投资基金以一定比例支持未来产业，建立健全政府科技研发资金、政府产业引导资金与市场化投资基金的联动机制，切实发挥财政资金的杠杆效应和导向作用，积极探索形成财政资金、国资收益和社会资金多渠道并举的滚动投入机制。建立公私部门合作的未来产业投资基金，以公共部门资金引领社会资本增加关于未来产业的风险投资项目，设计未来产业的多种金融产品。二是鼓励社会资本“放心投”。引导社会资本“投小、投早、投未来、投硬科技”，鼓励金融机构创新适应未来产业特征的金融产品与服务，鼓励和支持私募基金投资科技创新。构建多元化融资平台，汇集社会资本投入未来产业基础研究，引导和支持科技企业孵化器设立天使投资基金与创业种子基金，扶持创新与创业，支持初创企业，加大支持创业投资机构、银行、担保、融资租赁等金融机构的合作力度，探索投贷联动、投保联动、投债联动、投贷保联动等新模式。

三、充分发挥基础设施的推动作用

发展未来产业，需充分发挥各类基础设施的推动作用。在传统基础设施领域，推动能源结构转型，发展可再生能源，提升清洁能源的利用效率，完善交通基础设施网络建设，提高设施数智化、绿色化水平。在新型基础设施领域，以建促用、以用带建，加快形成可持续的基础设施建设发展模式。在科技基础设施领域，集中力量搭建跨学科、大协作、高强度的协同创新基础平台，推动形成良好的创新生态体系。

（一）规划传统基础设施的转型

能源转型能够引领未来产业发展，应当加大能源技术研发投入、建设能源基础设施，明确推动绿色产业发展和实现净零排放目标的具体措施。通过动员政府资金和引导私人投资，加速推进清洁能源产业的发展，包括太阳能、风能、水能等绿色能源，促进未来产业的可持续增长。一是强化氢能领域的政策布局。加强先进氢能技术、材料和装备研发，攻关氢能制备、储存、运输、加注、氢燃料电堆及系统集成核心技术。推动质子交换膜电解制氢、固体氧化物燃料电池、液态固态储氢、氢氨燃气轮机等一批前瞻性技术突破，实现氢能在交通、工业、发电、供热等多领域全场景示范推广应用。明确发展氢能产业的战略目标和发展路径。通过提供财政支持、税收优惠、研发资金等方式，吸引投资者参与氢能产业的发展，推动技术创新和产业升级。二是大力推进新型储能技术的发展。加强先进储能技术、材料和装备研发，发展新型液流电池储能、先进压缩空气储能等关键环节核心技术以及系统集成技术，实现全产业链商业化应用。突破超导储能、液态金属储能、固态电池储能、氢储能等一批前瞻性技术，实现新型储能在发电侧、电网侧和需求侧全场景推广应用。三是推广碳捕集封存利用技术的应用。加快高性能吸收剂、吸附剂及膜材料等碳捕集关键材料开发，推动生物质能碳捕集与封存、直接空气碳捕集与封存等负碳技术研发，突破二氧化碳制备燃料和烯烃、光电催化转化、生物固定转化等二氧化碳转化利用技术，促进净零排放目标的实现。

交通运输是国民经济中具有基础性、先导性、战略性的产业，是重要的服务性行业和现代化经济体系的重要组成部分，应大力促进交通基础设施朝着智能化、绿色化方向转型，形成“交通通道—物流—贸易—新兴产业”链式协同，实现“通道+产业”的时空压缩效应、规模效应、联动效应，推动新兴产业快速发展。一是完善设施网络。提高国家综合立体交通网主骨架能力利用率，形成布局完善、功能完备的现代化机场体系，提升港口码头专业化、现代化水平，推进内河高等级航道网络建设。二是提高设施数智化水平。深度融合5G、物联网、大数据、云计算、人工智能等技术，推进数据开放共享和平台整合优化，提升交通基础设施数字化率。推进数字化交通系统建设，利用大数据和人工智能技术优化交通管理，提升物流效率。三是降低设施碳排放强度。逐步形成交通运输领域绿色生产生活方式，广泛应用清洁低碳运输工具，降低单位周转量能源消耗，提升交通基础设施绿色化建设比例。

（二）推动新型基础设施的发展

新型基础设施是以新发展理念为引领，以技术创新为驱动，以信息网络为基础，面向高质量发展需要，提供数字转型、智能升级、融合创新等服务的基础设施体系。基于人工智能、5G、物联网、工业互联网、云计算等新一代信息技术，新型基础设施成为未来产业发展必不可缺的基础设施要素。一是创新建设模式，发展泛在协同的感知设施。创新感知设施的部署模式，统筹推进物联网综合管理和应用体系建设，探索建立感知设施的统一标识体系、统一数据格式，充分利用供电、网络和空间点位等资源进行集约化部署，推进技术性开发平台和行业性管理平台建设，通过应用管理平台对外提供感知数据服务，提升感知设施的综合利用水平，强化物联网设施跨行业、跨领域共享。二是顺应技术经济发展趋势，持续升级网络设施能力。推进5G网络全面深度覆盖和能力升级，建成覆盖广泛、技术先进、品质优良的5G网络。加强5G行业专网模式创新，推动5G虚拟专网建设落地，加大政策支持力度，加快行业应用规模化发展。持续推进宽带网络升级，面向城镇家庭、中小企业和商业用户需求，加快城市地区千兆宽带接入能力供给。鼓励高速宽带应用创新，组织开展千兆宽带应用示范，拓展应用空间。三是加强统筹布局，有效提升算力设施效能。以市场需求为牵引，持续优化数据中心布局，推动形成“热数据处理集聚一线城市及周边地区，冷数据处理集聚中西部资源富足地区，低时延数据贴近用户分布式部署”的数据中心建设格局。积极推动云计算、边缘计算部署与信息通信网络架构优化演进深度融合，大力推进数网融合、算网融合和云边协同发展，形成分布式端到端算力全覆盖，满足云、网、边之间按需分配和灵活调度计算资源、存储资源等需求。四是面向新兴需求，积极培育新技术设施。结合产业实际和区域优势推进人工智能基础设施建设。合理布局人工智能计算中心，大力发展更高性能、更低成本的计算能力。推动不同框架、通用平台之间的互联互通。结合区域特色和行业需求，发展普惠型的“智能+”行业赋能平台。探索推进区块链基础设施建设。探索建设跨链平台，促进产业链上下游的衔接和区域协同发展，面向产品溯源、数据共享、供应链管理、电子存证等重点领域，推动应用落地。加强量子通信、量子计算、新型网络基础架构研究，适时开展试验网络建设和应用探索，超前布局培育新型基础设施形态。

（三）筑牢科技基础设施的建设

建设科技基础设施是巩固和提升国家核心竞争力、推动未来产业发展的重要举措。一是发挥体制优势，加快前瞻布局建设技术领先、运行高效、创新有力、综合效应显著的国家重大科技基础设施体系。围绕未来重点科技领域建设一批重大科技基础设施，加快推动原始创新突破。建设世界一流大科学装置集中区，推动综合性国家科学中心建设，支持国家重点实验室体系重组，打造具有国际影响力的“航母级”创新平台。推动未来技术转化和工程化，增强重大科技基础设施建设溢出效应，引领并带动未来产业创新发展。二是发挥国家战略科技力量，依托实验室、高校、科研院所、优秀企业或国家重大科技基础设施组建国家未来产业技术研究中心，设立未来研究院、未来技术学院，重点加强前沿技术多路径探索、交叉融合和颠覆性技术源头供给，打造未来产业策源地。三是发挥政府重大科技创新组织者作用，搭建跨学科、大协作、高强度的协同创新基础平台，完善颠覆性和非共识性研究的遴选和支持机制，鼓励发展新型研发机构、企业创新联合体等新型创新主体，打造多元化参与、网络化协同、市场化运作的创新生态体系。

四、强化以人才为核心的引育体系

发展未来产业，基础在教育，关键在人才。以因材施教为目标，完善各类型人才教育体系。以产业需求为导向，培养理论和应用兼备的高素质人才。提升未来产业的人才吸引力，以人才支撑引领未来产业创新发展。

（一）完善各类型人才教育体系

未来产业创新发展需要有战略视野、高创新力、高竞争力的复合型人才，对高等教育、职业教育、继续教育等提出了更高要求。一是建设高质量的高等教育体系。高等教育应发挥龙头作用，洞察未来产业发展趋势，加强基础学科、新兴学科、交叉学科建设，推进大中小衔接，完善人才培养体系，超前布局优势特色专业，为培养拔尖创新人才和卓越工程师奠定基础。二是建设高质量的职业教育体系。职业教育在未来制造、未来信息、未来材料、未来能源、未来空间和未来健康等重点领域应积极作为，持续改革课程体系、教学体系，建强师资队伍，培养出更多高素质技术技能人才、能工巧匠和大国工匠。三是建设高质量的继续教育体系。继续教育应遵循人才发展规律，加强院校教育与职后教育的有效衔接，充分发挥企业和专业团体在专业技术人员继续教育中的作用。四是建设高质量的治理体系。发挥政府“善治”、高校“铸魂”、企业“有为”、行业组织“赋能”作用，建立多元资源配置机制、多方协同育人机制和多维评价机制，培厚因业而异、因地制宜的青年科技人才成长沃土。

（二）培养理论应用兼备的人才

以高质量学科专业为基石，教育、科技、人才协同提升未来产业人才自主培养质量。一是面向未来产业创新发展进行学科布局。教育行政部门应根据未来产业发展需要，及时调整学科专业目录，支持新兴学科、交叉学科和特色专业建设，合理规划研究生教育规模与结构。围绕未来产业重要科技方向，优化高校学科专业体系，推动新工科、新医科、新农科建设，鼓励通过“校企合作”“产教融合”“产研融合”等方式培养未来产业科技人才。探索构建适应未来产业科技创新需求的多层次的人才培养体系，通过高校、科研机构与企业合作、订单式人才培养、面向全球引进等模式，保证科技创新和未来产业发展的人才供给。二是提升高校学科专业建设水平。高校应以未来产业前沿重大科技创新方向为引领，打破院系、学科、专业之间的壁垒，推进跨学科、跨院系人才培养。增加对未来产业相关领域的高等教育投资，设立奖学金、设立专业课程、实施硕博贯通培养模式等，以培养高端复合型人才。鼓励不同学科背景的学生跨界深造，将其他学科的人才培养成未来产业相关领域的研究生，培养复合型人才。三是以行业学会为主体，建立未来产业人才需求评估机制。行业学会应结合重大科学难题、重大工程难题和关键技术难题清单，定期开展行业调查，对基础学科、关键核心技术领域工程师和高技能人才的当期存量、潜在增量和需求缺口等进行研判，为院校人才培养和企业继续教育提供依据。政府、产业界和大学共同出资设立人工智能教育中心，提供包含工作实习内容的专业学位课程，推动产学研协同培养模式的发展。鼓励和引导企业与职业学校、高校建立紧密合作关系，制定合作培养计划，推动学生在校期间接触企业项目和工作环境。

（三）提升未来产业人才吸引力

提升未来产业的人才吸引力，需兼顾引进来和留得住。一是完善用人制度。面向国家战略性重大科技攻关任务，实施“揭榜挂帅”“赛马”等更灵活、高效的选人用人制度，激发创新主体活力，以推动基础研究、底层技术、颠覆性技术突破为导向，培养和引进具有世界前沿水平的学科带头人。二是建立健全人才评价制度和柔性人才引进机制。形成合理的促进科技创新和未来产业相关人才流动机制，为国际交流合作创造便利条件和配套环境，以科技人才带动科技创新，提升科技创新内生动力。实施更加开放、有效的人才引进政策。不断优化外国人才来华签证制度，推广吸引优秀外国人才来华创新创业的政策制度，引进一批具有世界影响力的顶尖科技人才，加强教育、就业、住房、医疗等方面服务保障。三是增加人才待遇投资。在高等教育阶段，应提升对本科生和研究生国家基本经费支持力度，完善博士生生活费保障等多渠道补助制度，强化产学研等联合培育博士人才的机制。鼓励高校与企业和科研机构深度合作，为学生提供更前沿、高端的研究平台，拓宽学生的实践空间。在科研环境方面，改进项目评审、科研管理、经费资助等的制度，为科研人员提供良好待遇、时间保证和设施共享环境，激励科研人员选择攻克更具挑战性的前沿学术课题。四是建立人才再培训制度。设立用于人才的技能培训和职业发展的专项资金，建立职业培训认证体系，推广职业培训认证，对培训内容和效果进行评估和认证，确保培训质量和效果。

五、加快构建包容创新的市场环境

包容创新的市场环境是激发市场创新生态的重要驱动。以市场需求为导向，搭建重大需求、科学技术和市场应用之间的桥梁，推行产业界自立的政策。优化未来产业市场环境，激励企业发展未来产业的活力。探索包容审慎治理，建立行业发展指引。

（一）培育未来产业企业发展

科技初创企业、中小企业是未来产业最有活力的主体，如何孵化培育好未来产业企业十分关键。一是强化企业梯队培育。深化科技企业“双倍增”行动，鼓励现有行业头部企业布局未来产业前沿领域，加快引进高成长性创新型企业，支持企业牵头科研院校搭建未来产业创新联合体，培育一批未来产业“链主”企业。鼓励未来产业领域创新创业，强化商业模式创新和市场培育，积极引导未来产业中的专精特新中小企业成长为国内领先的“小巨人”企业。二是为未来产业企业提供政策支持。探索开展产业培育“赛马”制，利用市场竞争机制筛选重点领域最具竞争力的技术、产品和企业予以支持。建立企业精准挖掘机制，主动发掘和培育未来产业领域高技术、高成长、高价值企业。培育科技中介服务机构，促进未来产业资源要素流通，激发各类经营主体活力。支持企业开展海外业务，为初创企业提供与科研机构等的合作机会，组织专家等为企业发展方向把关。三是保障资金充足供给。为未来产业企业提供产业专项补助金，设立政府产业引导基金支撑重点领域发展。健全产业金融体系，加大银行、信托、融资租赁等的合作力度，探索新型投资模式，降低企业融资借贷成本。有能力的民营企业要加强自主创新，鼓励民间资本参与国家重大工程、重点产业链供应链项目建设。

（二）营造开放创新的市场环境

一是给予有吸引力的企业激励。加强调研科技企业发展未来产业的现状，关注初创企业、中小企业的资源短缺问题，搭建中小企业和大型科技企业的合作平台，增强大型企业对中小企业的产业链带动作用。增加创新券、算力券、税收减免等政府补贴直接惠及企业，放宽企业获得政府补贴的条件限制。增设针对未来产业的政府评选资源，筛选一批优质企业提供精细的政企服务。调动公共部门增加采购未来产品的需求，探索未来产业和前沿技术在公共服务领域的应用场景。公私部门合作加大宣传未来产业，提升市场对未来产业的认知度和接受度，激发市场对未来产业的需求。二是完善市场运行配套措施。组建产业领导小组、建立相应产业平台，整合产业资源，推动数字化、智能化发展。结合未来产业孵化培育进度，适时成立行业标准组织、产业联盟，支持相关组织、龙头企业主导和参与重要的标准制定，明确未来产业基础共性、行业应用等技术标准规范。健全知识产权保护的法律法规体系，建设良好的产业环境。建立市场导引制度，避免简单套用现有市场准入管理模式，探索未来产业市场准入负面清单制度，鼓励国有企业、民营企业、外资企业等经营主体积极参与未来产业发展，及时打破各类“玻璃门”，营造开放包容、公平竞争的市场环境。三是建设包容有序的未来产业监管环境。参考国外对前沿技术研发、应用、商业化的监管政策并与本土监管政策接壤，在未来产业示范区优先试验开放包容的监管政策，建立政府主导、经营主体参与未来产业监管的合作机制，为政府减少监管壁垒和管理技术风险提供建议。

（三）强化容错机制和激励政策

一是建立健全适应未来产业发展的容错试错与尽职免责机制，保护企业家、各级干部、科研人员、投资者等主体推动未来产业发展的积极性、主动性和创造性。二是创新支持企业家“谋未来”的正向激励政策，鼓励企业家在未来产业发展中大胆探索、锐意改革。明确创新免责情形，支持投资者“投小、投早、投未来”。三是建立鼓励创新的未来产业项目遴选和评价机制，对于探索性强、研发风险高的前沿领域建立尽职免予追责机制，探索长周期考核和监管机制。对一时看不准的未来产业，设置一定的包容期，给予各类经营主体成长容错试错空间。四是大力营造鼓励创新、宽容失败、尊重人才、尊重创造的社会氛围与创新文化。积极营造鼓励创新创造创业、干事担当作为的良好氛围。开展相关伦理、社会和经济等风险规制研究，按照鼓励创新的原则实行包容审慎监管。加大公共数据、行业数据向未来产业开放共享力度，提升数据要素对未来技术研发、应用场景创新的支撑作用。

六、大力促进互利共赢的国际合作

倡导合作、共赢、团结、包容的开放精神与理念，通过高水平、高质量的科学知识交流和技术创新合作，共同制定相关规则和标准体系，构建未来产业国际合作新格局。

（一）多措并举构建合作新格局

一是打造国际未来产业合作新格局。加强统筹谋划，以开放、团结、包容、非歧视的姿态开展合作，构建人才、技术、项目、平台等方面全方位、深层次的国际合作格局，为促进全球未来产业发展贡献中国智慧。鼓励科研机构及企业参与国际科技分工合作。特别是在基础研究、人才培育和标准制定等方面拓展合作深度，提升我国在相关领域的话语权。二是拓宽国际未来产业合作之路。推进并进一步扩大科技领域的对外开放，开展互利共赢的科技合作，更好融入全球创新网络。瞄准全球主要创新大国和关键小国，结合我国的各类创新需求，精准选择合作领域，开辟多元化科技合作渠道。提升产业链、供应链的韧性和安全水平，重新布局合作伙伴，构建互利共赢的产业链、供应链国际合作体系。三是提升开放环境及国际合作的专业化能力。依托国内的大科学装置平台、科研网络平台，主动发起全球性的未来产业议题，加速汇聚全球创新资源，助力全球科学家扩大科研合作的范围。基于已形成的国际产业链，对利于未来产业发展的高精尖技术开展应用合作。

（二）提高创新性资源配置能力

一是进口与出口相结合，吸纳全球优质要素资源。积极扩大先进新技术和关键设备、零部件进口，以及国内急需的研发设计、环境服务等知识、技术密集型生产性服务进口，促进产业结构调整和优化升级。支持未来产业企业通过委托设计、自创品牌等各种形式，嵌入跨国企业主导的全球产业链，分享技术、制造、管理等方面的外溢效应。二是走出去与引进来相结合，主动构筑全球未来产业体系。鼓励未来产业企业结合实践需要，以进口、境外并购、国际招标、招才引智等方式，引进先进技术和高端人力资源，开展有针对性的创新活动。以大力实施“一带一路”重大合作倡议、推进国际产能合作为契机，鼓励开展重大项目国际合作、工程承包和建营一体化工程，推动中国装备、技术、标准和服务走出去。以境外经贸合作区、双边经济走廊和海关特殊监管区域合作为平台，发展集群式对外投资，实现跨境产业布局优化。

（三）合作制定规则和标准体系

一是利用多双边平台推进基于未来产业合作的规则制定。完善多边合作机制，加强与国际标准化机构和联合国全球技术法规机构间的合作，参与全球未来产业治理。推动各经济体进一步认识未来产业发展创新的积极意义，充分利用世界贸易组织、二十国集团、自由贸易区等多双边或区域平台，结合全球未来产业进展及我国对外经贸发展实践，研究并提出一套既务实又包容的全球未来产业新规则，以符合广大发展中经济体的利益。二是搭建公共服务平台。借鉴各国公共服务平台建设成功经验，发挥地方政府、行业协会、驻外机构、驻外商协会的作用，探索建立优质公共服务平台，为全球未来产业发展提供丰富及时的信息渠道。三是探索建立有利于推动全球未来产业发展的评价体系。逐步探索建立多维度、多元化的开放绩效评估体系，引导基层部门更好地提升公共服务水平，为本地区参与未来产业夯实制度基础。四是建立健全国际监管体系。根据未来产业发展情况，设置科学合理的监管指标，定期开展外部监管。及时更新监管体系，使之符合未来产业的发展阶段，最大限度地促进未来产业合作创新，实现互利共赢。